职业教育商用车维修专业"1+X"活页式创新教材

柴油发动机电控系统检修

机械行业商用车产教联盟　组编

主　编　周定武　包　瑛　胡鸿飞
副主编　秦咏梅　冯　睿　仇　滔

机械工业出版社

本书共分为 7 个项目：柴油发动机电控系统基础、柴油发动机 ECU 内部电路、专用诊断设备的使用、共轨式柴油喷射系统信号输入、共轨式柴油喷射系统输出控制与驱动、后处理系统、通信网络。

本书充分考虑柴油机"新技术、新排放"的要求，以国六柴油机技术为例，彩色印刷、图文并茂、深入浅出，配有电子课件，可作为职业教育商用车维修"1+X"理实一体化教材，也可作为中级维修工（商用车方向）考证前的培训教材。

图书在版编目（CIP）数据

柴油发动机电控系统检修 / 机械行业商用车产教联盟组编；周定武，包瑛，胡鸿飞主编 . —北京：机械工业出版社，2024.2
职业教育商用车维修专业"1+X"活页式创新教材
ISBN 978-7-111-75259-2

Ⅰ . ①柴… Ⅱ . ①机… ②周… ③包… ④胡… Ⅲ . ①汽车 – 柴油机 – 电气控制系统 – 车辆修理 – 职业教育 – 教材 Ⅳ . ① U464.172

中国国家版本馆 CIP 数据核字（2024）第 049086 号

机械工业出版社（北京市百万庄大街 22 号 邮政编码 100037）
策划编辑：谢 元 责任编辑：谢 元
责任校对：张婉茹 李小宝 封面设计：张 静
责任印制：单爱军
北京虎彩文化传播有限公司印刷
2024 年 6 月第 1 版第 1 次印刷
184mm × 260mm・9.75 印张・260 千字
标准书号：ISBN 978-7-111-75259-2
定价：49.90 元

电话服务 网络服务
客服电话：010-88361066 机 工 官 网：www.cmpbook.com
　　　　　010-88379833 机 工 官 博：weibo.com/cmp1952
　　　　　010-68326294 金 书 网：www.golden-book.com
封底无防伪标均为盗版 机工教育服务网：www.cmpedu.com

　　世界技能大赛（World Skills Competition，WSC）由世界技能组织（World Skills International，WSI）举办，每两年一届，是迄今全球级别最高、规模最大的职业技能竞赛，全世界22岁（个别职业25岁）的青年人才齐聚国际舞台，展示技能人才风采。

　　重型车辆维修项目首次在第44届世界技能大赛被列入比赛项目，截至目前，我国先后参加了第44届、第45届、第46届世界技能大赛中该赛项的角逐。在2022年奥地利萨尔茨堡举行的第46届世界技能大赛特别赛上，我国选手荣获重型车辆维修项目金牌，实现了中国队在该项目上金牌"零"的突破，标志着我国青年技能人才已达到世界级水准，我国的技能人才培养已迈进世界领先行列。该赛项车型范围广，涉及面宽，既包括公路运输车辆、工程机械、农业机械、林业机械等，也包括各种专业采掘设备和农机设备。比赛项目设有六个模块：柴油发动机模块、液压系统故障诊断与排除模块、整车电气故障诊断与排除模块、传动系统故障诊断与排除模块、转向和制动系统模块和PDI（新车交付检查）模块。

　　目前，我国约有4000万辆商用车，已有100多所职业院校开设重型车辆相关课程。众所周知，重型车辆是承载"城市未来"的主要生产工具，其整车、零部件制造业就业人数过百万；物流、维修、金融、租赁、售后等配套产业就业人数也在百万以上，已成为现代经济发展的重要力量。然而，该行业从业人员的知识、技能和素养普遍不能适应发展的需要，国内尚无健全、完善的重型车辆检测维修技术人员的人才培养体系，直接导致本行业高素质技能人才特别紧缺。2023年，人力资源和社会保障部增设"重型交通运输车辆运用与维修"专业，以期解决人才培养面临的问题。

　　这套教材包含柴油发动机、底盘、电气三个范畴，对标世界技能大赛"重型车辆维修项目"中的柴油发动机、底盘和电气模块，使用新型活页式、工作手册式教材并配套开发信息化资源，按照"以学习成果为导向，促进学生自主学习"的思路进行开发，并设计了"任务分组""工作实施""评价反馈""单元测试"等评价表格。每个学习任务都是从"情境描述"切入，其具体内容是由真实"工作案例"转化而来。内容的遴选，以"学会工作"为目的，以必需、够用为度，满足职业岗位的需要，告诉学生"是什么、做什么、怎么做、为什么这么做"。教师从知识传授角色转变为学习工程的组织者、咨询者和指导者。这套教材是机械行业商用车产教联盟的教学研究成果，可作为职业院校商用车维修专业学生的教材，也可以作为商用车销售、服务企业的职业培训用书。

　　本书由机械行业商用车产教联盟组编，主编是周定武、包瑛、胡鸿飞，副主编是秦咏梅、冯睿、仇滔、潘明存、刘庆华、杨长征参与编写。

　　期待这套教材能为我国商用车维修职业教育教学添砖加瓦，也希望大家多提宝贵意见，共同为我国商用车产业的崛起作出自己的贡献！

世界技能大赛（重型车辆维修项目）中国技术指导专家组组长

刘庆华

目　录

项目一 1

柴油发动机电控系统基础

项目导读

项目描述	作为未来的专业维修技师，第一步是了解车辆。通过本项目2个任务的训练，应能掌握车辆基本信息的查询，学会电控系统部件的外观检查，提升团队协作能力和安全环保意识
项目任务	任务 1.1　查询车辆的基本信息 任务 1.2　认识国六电控柴油机的基本组成

全球电子技术日新月异，尤其是发动机电子控制技术，已经发展到集燃油喷射、点火控制、怠速控制、进气控制、增压控制、排放控制、防盗控制、失效保护控制以及诊断、数据通信等多项控制为一体的发动机管理系统（Engine Management System，EMS）。

任务 1.1　查询车辆的基本信息

【情境描述】

一辆 2020 款陕汽重型货车德龙 X3000，入厂进行常规维护。技术经理安排你确认车辆的基本信息。请就车找出车辆 VIN 及铭牌，并检索车辆相关资料。

【学习目标】

1. 能通过与客户交流、查阅相关维修技术资料等方式，获取故障车辆信息。
2. 能通过车辆铭牌或 VIN 检索车辆的相关信息。
3. 能根据车辆信息辨别排放标准。
4. 能根据环保要求，正确处理对环境和人体有害的辅料、废气、废液和已损坏的零部件。

【获取信息】

引导问题 1：什么是 VIN？

车辆识别号码（Vehicle Identification Number，VIN），又叫车架号，是由 17 个字母或数字组成的，用于汽车上的一组独一无二的号码，可以识别汽车的生产商、发动机、底盘序号及其他性能等信息。

引导问题 2：VIN 位于车身的具体位置。

VIN 位于车辆右侧驾驶室下前桥位置的右纵梁前方，以电动打码机刻制，如图 1.1、图 1.2 所示。

图 1.1　VIN 位置

图 1.2　VIN

1

引导问题 3：VIN 包含哪些信息？

不同国家或汽车生产厂家，其 VIN 含义有细微的不同。下面以陕汽为例介绍它的含义，如图 1.3 所示。

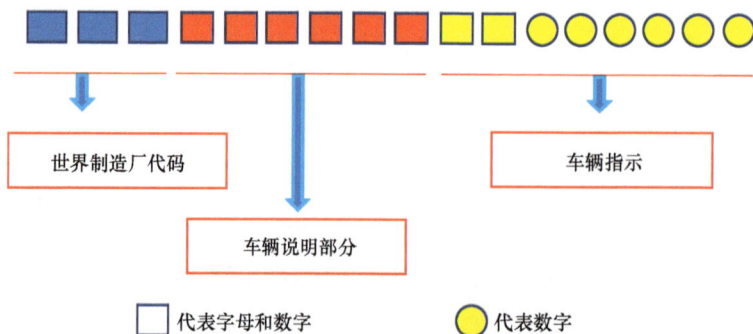

图 1.3　陕汽车辆识别号码（VIN）编制规则（SQB 10023—2009）

例如：以陕汽牵引车识别号码 LZGJ19L19AGF00429 为例，如图 1.4 所示。

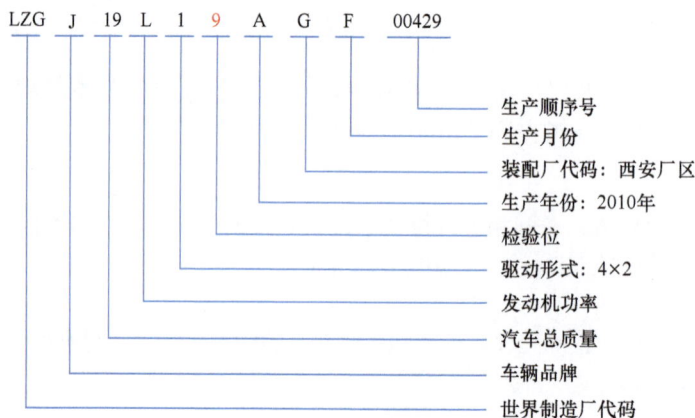

图 1.4　某陕汽牵引车 VIN

LZG——世界制造厂代码。陕西汽车集团有限责任公司代码为 LZG。

J——车辆品牌。J 代表陕汽牌，E 代表斯太尔牌。

19——汽车总质量代码。

L——发动机功率代码。

1——驱动形式代码。

9——检验位：将检验位之外的 16 位每一位的加权系数乘以此位数字或字母的对应值，再将各乘积相加，求得的和被 11 除，除得的余数即检验位。

A——生产年份。X——1999 年；Y——2000 年；1——2001 年；2——2002 年；9——2009 年；A——2010 年；B——2011 年依次类推。为避免混淆，不使用 I、O、Q、U、Z、0。生产年份代码见表 1-1。

表 1.1 生产年份代码表

年份	代码	年份	代码	年份	代码	年份	代码
1991	M	2001	1	2011	B	2021	M
1992	N	2002	2	2012	C	2022	N
1993	P	2003	3	2013	D	2023	P
1994	R	2004	4	2014	E	2024	R
1995	S	2005	5	2015	F	2025	S
1996	T	2006	6	2016	G	2026	T
1997	V	2007	7	2017	H	2027	V
1998	W	2008	8	2018	J	2028	W
1999	X	2009	9	2019	K	2029	X
2000	Y	2010	A	2020	L	2030	Y

G ——装配厂代码，见表 1.2。

表 1.2 装配厂代码表

G	X	T	F
西安厂区	北郊新厂区	欧舒特公司	岐山厂区

F ——生产月份代码，见表 1.3。

表 1.3 生产月份代码表

月份	1	2	3	4	5	6	7	8	9	10	11	12
代码	A	B	C	D	E	F	G	H	J	K	L	M

00429 ——生产顺序号。

引导问题 4：什么是车辆铭牌？

车辆铭牌是标明车辆基本特征的标牌，主要包括厂牌、型号、发动机功率、总质量、载质量或载客人数、出厂编号、出厂日期及厂名等。

引导问题 5：铭牌位于车身的具体位置，如图 1.5、图 1.6 所示。

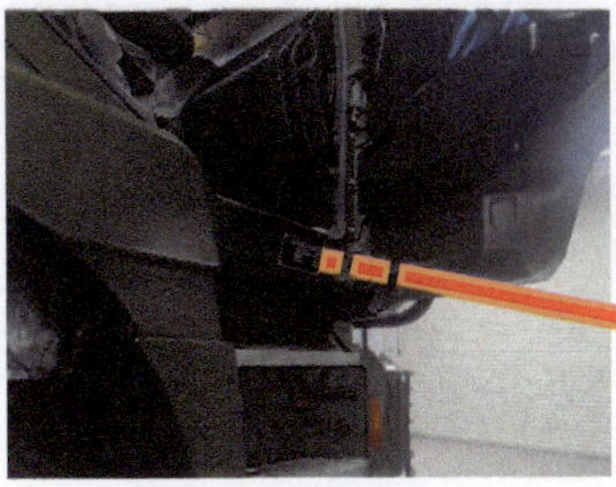

图 1.5 车辆铭牌位置 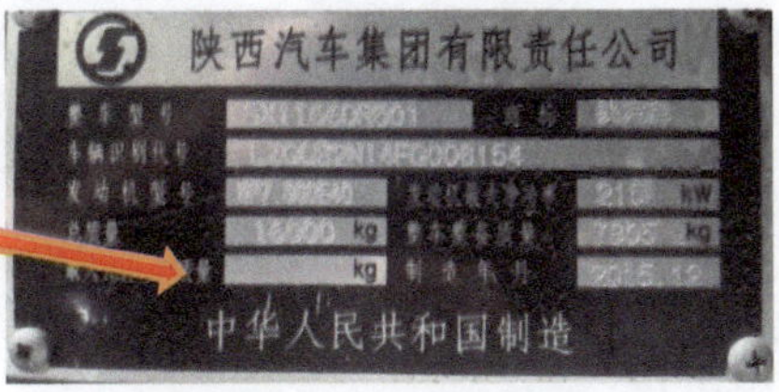   图 1.6 车辆铭牌

车辆必须安装产品铭牌，通常置于车辆前部易于观察的地方。陕汽铭牌置于车内前乘客侧门框的下部。

引导问题 6：铭牌包含哪些信息？

铭牌信息包括：厂牌、厂名、整车型号、商标、VIN、发动机型号、发动机最大净功率、总质量、整车整备质量、最大允许牵引质量、制造日期等。

引导问题 7：各类发动机型号代表的含义是什么？

1）以潍柴动力 WP 系列发动机为例，型号如图 1.7 所示。

```
W   P   10   XXX   E4   X
│   │   │    │     │    │
│   │   │    │     │    └─ 额定转速
│   │   │    │     └────── 排放水平
│   │   │    └──────────── 额定功率
│   │   └───────────────── 排量
│   └───────────────────── 动力(Power)
└───────────────────────── 潍柴(WEICHAI)
```

WP——潍柴动力　　　　　　　　10——排量：10L

XXX——额定功率(单位：马力)　　E4——排放标准：国四

X——系列号(0表示额定转速1900r/min；1表示额定转速2200r/min)

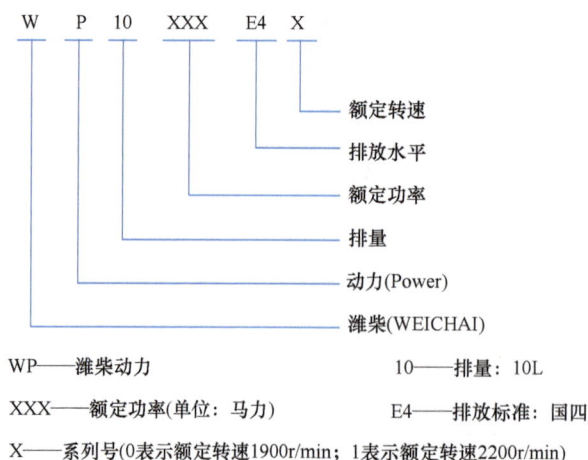

图 1.7　WP 系列发动机型号

额定功率单位"马力"与 kW 的换算关系为：1 马力 =0.735kW。

2）以潍柴动力扬州柴油机有限责任公司（简称"扬柴"）YZ4DB1-40 系列为例，扬柴发动机代码见表 1.4。

表 1.4　扬柴发动机代码表

YZ	4	D	B1	40
扬州柴油机	四缸	柴油机	产品系列号	国四排放标准

不同产品系列号发动机缸径不同，功率、技术路线等也会有差异，见表 1.5。

表 1.5　扬柴发动机缸径对照表　　　　　　（单位：mm）

A	B	C	D	H
102	105	85	108	90

扬柴的代码为 YZ 开头，玉柴的代码为 YC 开头，注意区分。

【任务分组】

班级		组号		指导教师	
组长		组员			
任务分工	1. 负责在实车上找到车辆的 VIN、铭牌 2. 负责分析车辆的 VIN、铭牌信息的含义 3. 利用网络资源查找实车的基本信息				

【工作实施】

引导问题 1：通过实车检查，了解待修车辆的信息。

厂牌：

厂名：

整车型号：

商标：

VIN：

发动机型号：

发动机最大净功率：

总质量：

整车整备质量：
最大允许牵引质量：
制造日期：

引导问题 2：有哪些网站能根据 VIN 或铭牌信息查询到详细的车辆信息？

方法一：通过中国汽车网查询，如图 1.8 所示。网址为 http://www.chinacar.com.cn/search.html

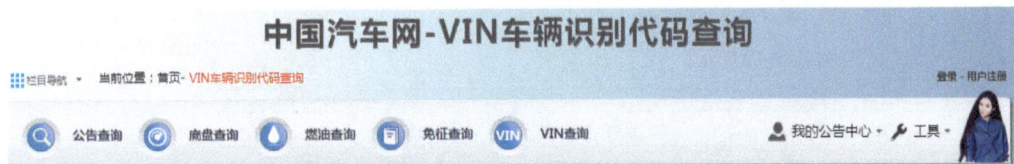

图 1.8　中国汽车网首页抬头

1）查询按键。查询按键分：公告查询、底盘查询、燃油查询、免征查询及 VIN 查询。例如，点击 VIN 查询后会出现图 1.9 所示的 VIN 输入框。

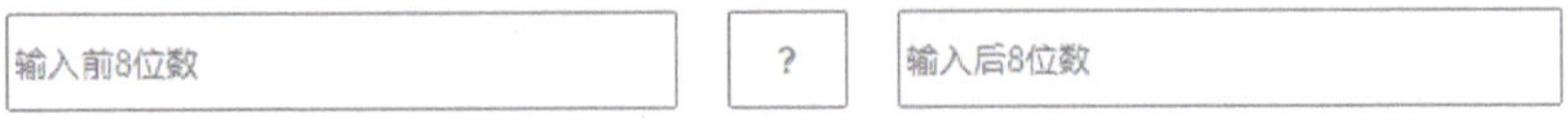

图 1.9　VIN 输入框

2）进入查询界面（图 1.10）后分别输入 VIN 前 8 位数和后 8 位数，如图 1.11 所示。

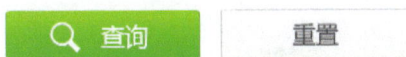

图 1.10　确认按键

车辆型号	底盘型号	发动机型号	发动机生产商	发动机排量	发动机功率	燃烧种类	轴数	批次
陕汽牌SX1166NR561载货汽车	陕西汽车集团有限责任公司	WP10.300E40 WP10.336E40 WP12.336E40 ISM11E4 345	潍柴动力股份有限公司	9726	221	柴油	2	t2(292)

图 1.11　查询信息

3）双击每一行可以查看详细参数，如图 1.12 所示。

企业名称	陕西汽车集团有限责任公司		
车辆名称	载货汽车	车辆型号	SX1316NM456
整车参数			
外形尺寸（长×宽×高）mm	12000×2500×3790	货厢栏板内尺寸	9500×2390×800
整备质量kg	11000	总质量kg	31000
底盘配置与技术参数			
底盘生产企业	陕西汽车集团有限责任公司		
底盘型号	SX1316NM456		
发动机生产企业	潍柴动力股份有限公司		
发动机型号	WP7.300E40		
变速器型号	9JS119		
主减速器速比（驱动桥速比）	4.111		
轮胎规格型号	11.00R20 18PR,12.00R20 18PR		
综合燃料消耗量L/100km	30.9		
空载等速燃料消耗量L/100km	16		

燃料消耗量参数表

产品型号		SX1316NM456
执行标准		JT719《营运货车燃料消耗量限值及测量方法》
满载等速燃料消耗量	车速，km/h	30,40,50,60,70,80
	档位	--,9,9,9,9,9
	油耗，L/100km	--,22.2,24.4,27.1,30.0,33.1
燃油消耗量达标车型编号		2013年第26批第1400号（H026H572）

图 1.12　查询详细信息

方法二：通过 17VIN 网站查询，如图 1.13 所示。网址为 http://www.17vin.com

图 1.13　17VIN 网站首页

进入网站后，直接输入车架号（VIN）点击"搜索"，查询结果如图 1.14 所示。

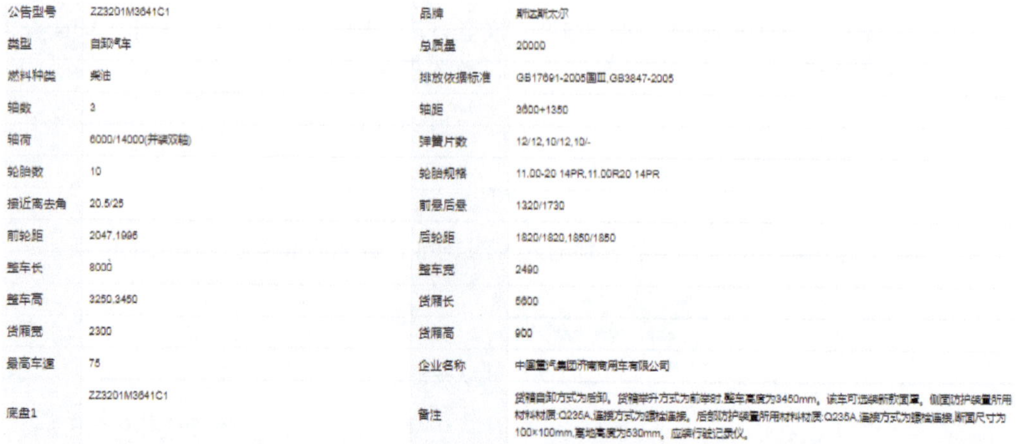

公告型号	ZZ3201M3641C1	品牌	斯达斯太尔
类型	自卸汽车	总质量	20000
燃料种类	柴油	排放依据标准	GB17691-2005国Ⅲ、GB3847-2005
轴数	3	轴距	3600+1350
轴荷	6000/14000(并装双轴)	弹簧片数	12/12,10/12,10/-
轮胎数	10	轮胎规格	11.00-20 14PR,11.00R20 14PR
接近离去角	20.5/25	前悬后悬	1320/1730
前轮距	2047,1996	后轮距	1820/1820,1850/1850
整车长	8000	整车宽	2490
整车高	3250,3450	货箱长	5600
货箱宽	2300	货箱高	900
最高车速	75	企业名称	中国重汽集团济南商用车有限公司
底盘1	ZZ3201M3641C1	备注	货箱自卸方式为后卸，货箱举升方式为前顶举时，整车高度为3450mm。该车可选装标题篷布，但需加护装置所用材料材质、Q235A,连接方式为螺栓连接。后部防护装置所用材料材质、Q235A,连接方式为螺栓连接，断面尺寸为100×100mm,离地高度为530mm。应装行驶记录仪。

图 1.14　输入 VIN 后查询结果

引导问题 3：根据实车 VIN 或铭牌信息查到的资料显示该车型的排放标准。

【评价反馈】

检查评估	维修资料、工具、设备的正确使用	A	B	C	D
	操作规范和任务完成情况	A	B	C	D
	任务工单填写	A	B	C	D
	纪律和回答现场提问	A	B	C	D
	团队合作	A	B	C	D
	安全和环保	A	B	C	D
成绩					
评语		教师签字： 日期：			

【单元测试】

1. 车辆识别号码（VIN）位于＿＿＿＿＿＿＿＿＿＿＿＿＿＿＿＿＿＿＿＿，以电动打码机刻制。

2. VIN 第十位指的是_____。

3. 陕汽铭牌置于车的_____。

4. 额定功率单位"马力"与 kW 的换算关系为：_____。

5. 扬柴的代码为_____开头，玉柴的代码为_____开头。

任务 1.2 认识国六电控柴油机的基本组成

【情境描述】

一辆陕汽重型货车德龙 X6000 入厂进行常规维护保养。通过查询 VIN 及车辆铭牌确认该车为国六排放标准车辆。技术经理安排你确认车辆基本信息后，请就车找出车辆的电控系统部件，并检索各部件的功能。

【学习目标】

1. 能通过与客户交流、查询 VIN 及车辆铭牌，获取故障车辆信息。
2. 能识别车辆上国六电控系统部件的名称及安装位置。
3. 能识别国六电控系统各部件的功能。

【获取信息】

引导问题 1：什么是重型柴油车污染物排放标准？

机动车污染物排放标准是指为贯彻《中华人民共和国环境保护法》《中华人民共和国大气污染防治法》，防治压燃式及气体燃料点燃式发动机汽车排气对环境的污染，保护生态环境，保障人体健康而制定的标准。

引导问题 2：国六重型柴油车污染物排放标准实施的时间。

根据《重型柴油车污染物排放限值及测量方法（中国第六阶段）》（GB 17691—2018）法规要求：

1）自 2019 年 7 月 1 日起，所有生产、进口、销售和注册登记的燃气汽车应符合本标准要求。

2）自 2020 年 7 月 1 日起，所有生产、进口、销售和注册登记的城市车辆应符合本标准要求。

3）自 2021 年 7 月 1 日起，所有生产、进口、销售和注册登记的重型柴油车应符合本标准要求。

引导问题 3：我国排放法规时间进度（图 1.15）。

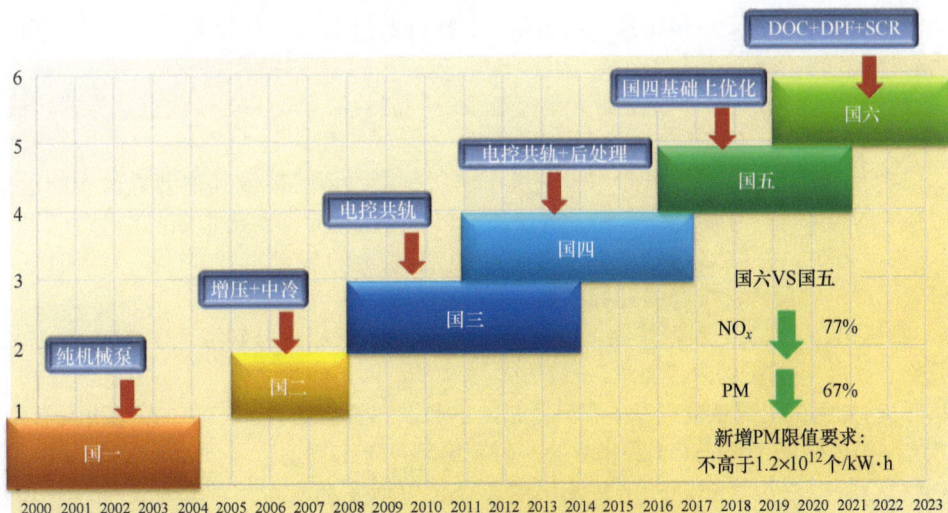

图 1.15 我国排放法规时间进度

20 多年来，我国的汽车排放标准上升了六个台阶，如图 1.16 所示。与此同时，我国的汽车生产制造水平也在不断提升。可以说，每一次排放标准的升级，都让我们的产品品质上升了一个档次。

标准等级	NO_x	NO_x 降低	PM	PM 降低
国一	8.00	–	0.36	–
国二	7.00	12.5%	0.15	58.3%
国三	5.00	28.6%	0.10	33.3%
国四	3.50	30%	0.02	80%
国五	2.00	42.9%	0.02	0%
国六	0.40	80%	0.01	50%

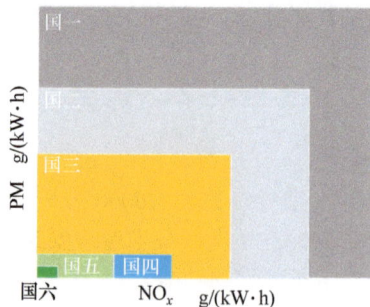

图 1.16　我国各阶段排放法规要求

从国一到国六，排放标准不仅对于每一项污染物的具体数值要求更加严格，还对维修技术和诊断设备提出了更高的要求，车辆不仅制造质量要达标，排放还要符合每个阶段的要求。

引导问题 4：我国国六标准的特点。

国六标准分为 a 和 b 两个阶段实施（图 1.17），并且"国六"据称是目前世界上最严格的排放标准之一。仅从限值水平来看，国六 a 阶段限值略严于欧洲第六阶段排放标准限制水平，比美国 Tier3 排放标准限值要求宽松；国六 b 阶段限值基本相当于美国 Tier3 排放标准中规定的 2020 年车辆的平均限值。

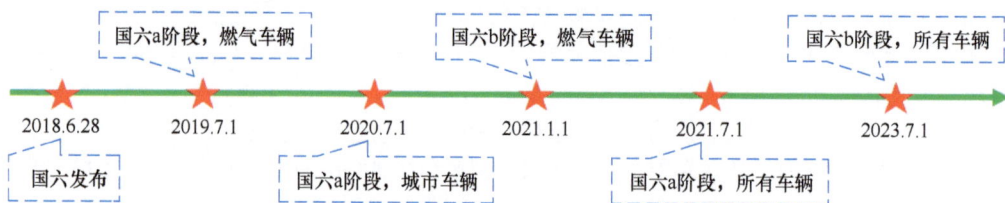

图 1.17　国六标准 a、b 两个阶段实施时间轴

引导问题 5：国六排放标准的柴油发动机电控系统组成。

柴油机电控系统主要由传感器、控制单元、执行器组成，如图 1.18 所示。核心部件是控制单元。

1）信号输入装置：各种传感器采集控制系统所需的信号，并转换成电信号通过线路输送给 ECU。

2）ECU：给各传感器提供参考（基准）电压，接收传感器或其他装置输入的电信号，并对所接收的信号进行存储、计算和分析处理，然后向执行元件发出指令。

3）执行元件：受 ECU 控制，具体执行某项控制功能的装置。

引导问题 6：国六标准与国五标准相比有什么区别？

1）氮氧化物（NO_x）和颗粒物（PM）排放限值和国五相比分别加严了 77% 和 67%，并新增了粒子数量（PN）的限值要求。

2）发动机测试工况从欧洲稳态循环（ESC）和欧洲瞬态循环（ETC）改为更具有代表性的世界统一稳态循环（WHSC）和世界统一瞬态循环（WHTC）。

3）在检验中增加了循环外排放测试的要求，包括发动机台架的非标准循环（WNTE）和利用车载排放测试系统（PEMS）进行的实际道路排放测试，并增加了实际行驶工况有效

数据点的 NO_x 排放浓度要求。

4）PEMS 实际道路排放测试不仅应用于型式检验，还应用于新生产车和在用车符合性的监督检查。

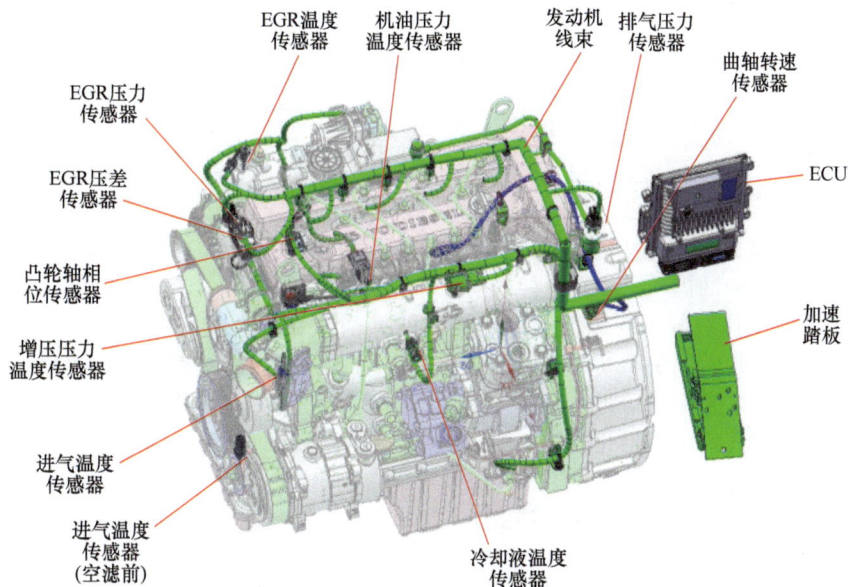

图 1.18　某国六柴油机结构

5）加严了排放控制装置的耐久里程要求，并对排放相关零部件提出了排放质保期的规定。

6）在欧六车载诊断系统（OBD）的基础之上，参考美国 OBD 法规提出了永久故障码等反作弊的要求，并首次将远程排放管理车载终端（远程 OBD）的要求应用到国家标准。

7）提出了更为严格的合规监管要求，包括型式检验和信息公开、生产一致性检查、新生产车检查、在用车符合性检查等，并简化了达标判定方法。

引导问题 7：回顾机械柴油机组成系统，电控柴油机在这些机械系统上增加了哪些传感器（见表 1.6）？

表 1.6　柴油发动机电控系统传感器按系统分类

序号	分类	传感器
1	燃油系统	燃油含水传感器、柴油压力温度传感器、共轨压力传感器
2	进气系统	环境温度压力传感器、进气压力温度传感器、空气流量传感器
3	机械正时系统	曲轴转速传感器、凸轮轴位置传感器
4	排/尾气处理系统	排气背压传感器、压差传感器、EGR 阀位置传感器
5	冷却系统	冷却液位传感器、冷却液温度传感器、风扇转速传感器
6	润滑系统	机油液位传感器、机油压力温度传感器
7	发动机控制信号输入	加速踏板、空档开关、驻车制动开关、制动开关、多态开关、巡航开关、诊断开关、离合开关、空调开关等

引导问题 8：柴油发动机电控系统执行器有哪些？它们各起到什么作用（见表 1.7）？

表 1.7 柴油发动机电控系统执行器名称及功能表

序号	名称	功能描述
1	燃油计量阀	控制高压油泵进油量，保持共轨压力，满足指令需求
2	喷油器电磁阀	精确控制喷油提前角、喷油量
3	继电器	控制空调压缩机、排气制动和冷起动装置
4	指示灯	故障指示灯、冷起动指示灯
5	转速输出	用于整车转速表
6	CAN 总线	用于与整车动力总成、ABS、ASR、仪表、车身等系统的联合控制
7	K 线（ISO K-Line）	用于故障诊断和整车标定

注：引导问题 7、8 不含后处理部分，本书采用后处理部分单列的方式编排。

引导问题 9：柴油机从机械向电控经历了哪些阶段？

与机械控制相比，电子控制的优点是控制的精确性和响应的快速性。就车用柴油机而言，电控系统的控制项目在不断增多，即从循环供油量控制、供油正时控制等最基本控制项目的燃油喷射控制扩展到包括对供油速率控制和喷油压力控制在内的多项目标控制；从单一的燃油喷射控制扩展到包括怠速控制、进气控制、增压控制、排放控制、起动控制、故障自诊断、失效保护、发动机与变速器的综合控制等在内的全方位控制。

在柴油机电子控制系统中，最早研究并实现产业化的是电控柴油喷射系统，到目前为止已经经历了三代变化：

1）第一代电控柴油喷射系统：位置控制方式。
2）第二代电控柴油喷射系统：时间控制方式。
3）第三代电控柴油喷射系统：时间-压力控制方式。

1. 位置控制方式

柴油机供（喷）油量的控制方法随供给系统的类型而异。第一代柴油机电控燃油喷射系统主要以电控直列柱塞泵或电控转子分配泵为特征。

1）直列柱塞泵的供油量控制。"位置控制"的直列柱塞泵供油量控制装置一般采用占空比控制型电磁阀式或直流电动机式电子调速器。

2）转子分配泵的供油量控制。"位置控制"的转子分配泵供油量控制装置，一般采用转子式或占空比电磁阀式电子调速器。

位置控制系统不仅保留了传统的泵-管-嘴系统，还保留了原喷油泵中的齿条、滑套、柱塞上的斜槽等控制油量的机械传动机构，只是对齿条或滑套的运动位置予以电子控制。其优点是柴油机的结构几乎不用改动，生产继承性好，便于对现有柴油机进行改造。但该系统响应慢，喷射压力相对于原有系统没有提高，控制精度低，对发动机的尾气排放改善有限。

日本电装公司的 ECD-V1，德国博世公司的 EDC 和日本杰克赛尔公司的 COVEC 等都属于位置控制的电控分配泵系统。日本杰克赛尔公司的 COPEC、德国博世公司的 EDR 系统和美国卡特彼勒公司的 PEEC 系统等都属于位置控制的电控直列泵系统。

2. 时间控制方式

供油量的"位置控制"特点是用模拟量来控制执行元件工作，通过对喷油泵油量控制机构的定位来得到所需的供油量。不论采用何种类型的电子调速器，总是需要由部分机械装置来完成对喷油泵供油量的调节，这会降低控制精度和响应速度，所以继供油量"位置控制"之后出现了"时间控制"。

1）转子分配泵的供油量控制。在回油通道中安装一个由 ECU 控制的高速电磁阀来控制回油通道的开闭，也就实现了供油量的"时间控制"。"时间控制"的转子分配泵取消了油量控制滑套和泵油柱塞上的回油槽/孔。

2）P-T 喷油器的供油量控制。取消了原 P-T 燃油系统中结构复杂的调速器和喷油器中的计量装置，使燃油供给系统大为简化。高速电磁阀关闭的时刻即喷油开始时刻，高速电磁阀关闭的持续时间决定了喷油量。

时间控制系统采用高速强力电磁阀直接控制高压燃油。一般情况下，电磁阀关闭，开始喷油；电磁阀打开，喷油结束。喷油始点取决于电磁阀关闭时刻，喷油量取决于电磁阀关闭的持续时间。传统喷油泵中的齿条、滑套、柱塞上的斜槽和提前器等全部取消，对喷射定时和喷射油量控制的自由度更大，但供油压力还需用凸轮驱动，无法独立控制。

日本杰克赛尔公司的 Model-1 电控分配泵，美国 Detroit 公司的 DDEC 电控泵喷嘴、德国博世公司的 EUP13 电控单体泵都属于时间控制系统。我国杜传进、欧阳明高与丹麦 Sorenson 合作研制的"泵-管-阀-嘴（Pump/Pipe/Valve/Injector-PPVI）"电控燃油喷射系统也属于第二代电控喷射系统。

3. 时间-压力控制方式

第三代柴油机电控燃油喷射系统中最典型的是电控共轨式燃油喷射系统。在电控共轨式燃油喷射系统中，对喷油量的控制采用"时间-压力控制"或"压力控制"，用得最多的是"时间-压力控制"方式。它将喷油量与喷油时间控制融为一体，使燃油升压机构独立，即燃油压力与发动机转速、负荷无关，具有可以独立控制的蓄能器——共轨管。

高压共轨系统被世界内燃机行业公认为 20 世纪三大突破之一，将成为 21 世纪柴油机燃油供给系统的主流。德国博世公司、日本电装公司和英国卢卡斯公司都研制出了电控高压共轨系统，并开始批量向市场供货，如图 1.19 所示。

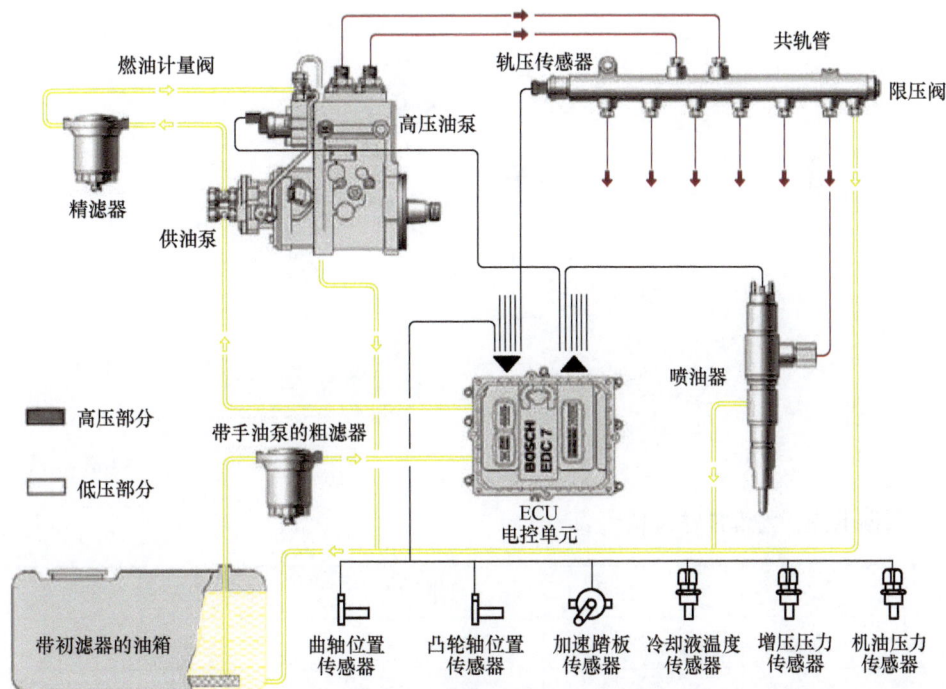

图 1.19　博世电控燃油供给系统

德国梅赛德斯-奔驰公司利用博世公司的技术首先在世界范围内推出了采用新型高压共轨燃油喷射系统的四气门直喷式柴油机，并用于 A、C 级轿车上。日本日野公司利用电装公司的技术在新型 K13C 型柴油发动机和 J 系列柴油发动机上均采用了高压共轨系统，日本三菱公司也利用电装公司的技术在重型柴油发动机上应用了高压共轨系统。

【任务分组】

班级		组号		指导教师	
组长		组员			
任务分工	1. 负责在实车上找到 VIN、铭牌并确认车辆的基本信息 2. 负责识别车辆上国六电控系统部件的名称及安装位置 3. 负责识别国六电控系统各部件的功能				

【工作实施】

本任务以潍柴电喷发动机为例，要求在发动机上找到各类传感器、执行器及 ECU，并检查外观，查看其是否有明显的物理损坏。

引导问题 1：实训前的准备工作。

柴油发动机台架 5 台、拆装工具 5 套、维修手册 5 本。

引导问题 2：维修人员自查安全防护是否到位，是否穿工装、劳保鞋等。

引导问题 3：通过实车检查，了解待修车辆的信息。

整车型号：

VIN：

发动机型号及排放标准：

引导问题 4：电控燃油供给系统由哪些部件组成？

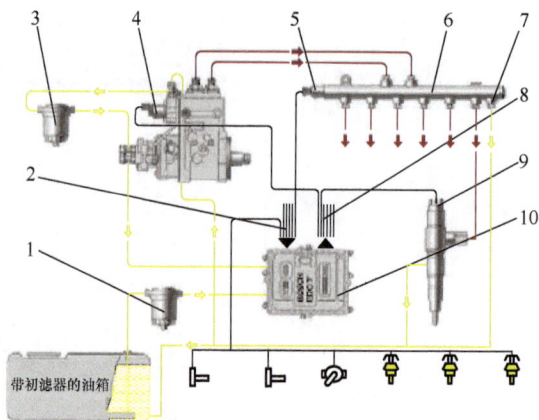

1）根据上图，将部件序号填入表中。

序号	部件名称	序号	部件名称	序号	部件名称
	粗滤器		燃油计量单元		限压阀
	传感器		轨压传感器		执行器
	精滤器		共轨管		
	电控单元		喷油器		

2）在发动机上找到下列部件，并描述安装位置。

部件名称	连接是否可靠	安装位置
粗滤器	是□ 否□	
精滤器	是□ 否□	
电控单元	是□ 否□	
燃油计量单元	是□ 否□	
轨压传感器	是□ 否□	
共轨管	是□ 否□	
执行器	是□ 否□	
限压阀	是□ 否□	
喷油器	是□ 否□	

【评价反馈】

检查评估	维修资料、工具、设备的正确使用	A	B	C	D
	操作规范和任务完成情况	A	B	C	D
	任务工单填写	A	B	C	D
	纪律和回答现场提问	A	B	C	D
	团队合作	A	B	C	D
	安全和环保	A	B	C	D
成绩					
评语		教师签字： 日期：			

【单元测试】

1. 机动车污染物排放标准是指为贯彻_____，防治压燃式及气体燃料点燃式发动机汽车排气对环境的污染，保护生态环境，保障人体健康而制定的标准。

2. 电控系统主要由_____、_____、_____组成。核心部件是_____。

3. 传感器采集控制系统所需的信号，并转换成_____通过线路输送给_____。

4. 电子控制单元（ECU）：给各传感器提供_____，接收传感器或其他装置输入的电信号，并对所接收的信号进行存储、计算和分析处理后向_____发出指令。

5. 执行元件受_____控制，具体执行某项控制功能的装置。

6. 在柴油机电子控制系统中，最早研究并实现产业化的是电控柴油喷射系统，到目前为止已经经历了三代变化：_____、_____、_____。

7. 第三代柴油机电控燃油喷射系统中最典型的是_____。

项目二
柴油发动机 ECU 内部电路

2

项目导读

项目描述	作为未来的专业维修技师，将对柴油发动机电控系统 ECU 内部电路进行系统性学习。通过本项目 2 个任务的训练，应掌握 ECU 电路的基本组成及工作原理、信号的输入与输出电路，学会对 ECU 电路的诊断，提升团队协作能力和安全环保意识
项目任务	任务 2.1　ECU 的逻辑结构 任务 2.2　信号输入与输出

　　ECU 是电控发动机的控制中心，通过接收各传感器传送来的发动机运行信息，加以运算处理后控制各执行器动作。

　　ECU 还包含一个监测模块，用于故障诊断以及出错以后的系统的保护。

任务 2.1　ECU 的逻辑结构

【情境描述】

　　一辆 2018 年重汽豪沃，配 EDC17CV44 发动机电脑板，行驶了 21.3 万 km。据客户反映，该车能够喷油工作，但是发动机限速，报 P1610 故障：电控单元内部软硬件底层监控报错。请修复故障车辆。

【学习目标】

1. 能通过与客户交流，获取车辆故障信息，确认故障现象。
2. 能识别 ECU 端子图、ECU 上电 / 供电模块、环境压力传感器等。
3. 理解 EDC17CV44 电控单元的端子，能看懂传感器控制电路图、执行器的电路图。

【获取信息】

引导问题 1： 柴油发动机电控系统 ECU 电路包含哪些部分？

　　电子控制单元（Electronic Control Unit，ECU）又叫"行车电脑""车载电脑"等。与其他 ECU 一样，柴油发动机 ECU 负责实现对柴油发动机机械装置的自动控制。同时，现代柴油发动机还需要与仪表等其他车辆系统进行数据交换和通信。

　　柴油发动机 ECU 内部有图 2.1 所示的几个部分，传感器模拟信号和数字信号的"输入处理"芯片、对输入数据进行计算处理的"微处理器"芯片、对输出信号进行功率放大的"输出处理"芯片。

引导问题 2： 市场上占有率高的柴油机 ECU 有哪些？

　　目前，博世、德尔福、电装等公司在我国电喷系统市场已经形成比较强的竞争态势。在国际上，德国博世公司的燃油喷射系统占据全球 80% 左右的市场份额；第二名是日本电装公司，其市场占有率为 12%。

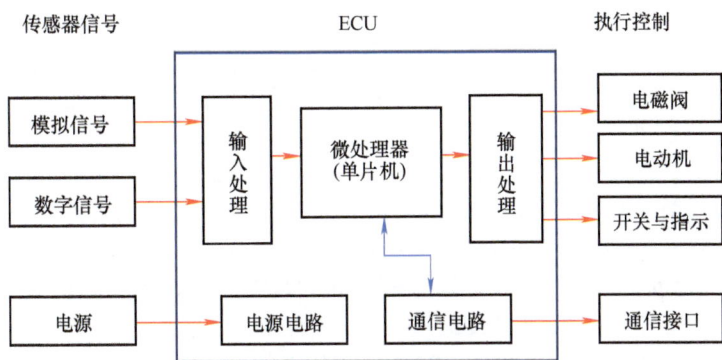

图 2.1 ECU 内部组成示意图

博世公司对电喷系统的研发已经有几十年的经验，其产品经历了很长时间的匹配试验，比较成熟，可靠性高。

2020 年，博世公司与中国动力装备制造商潍柴公司在发动机技术上取得历史性突破。双方合作将潍柴重型商用车柴油机热效率提升至 50%，由此在全球范围内树立了产业新标杆。

引导问题 3：博世 ECU 的识别方法。

每个 ECU 的正面都贴有铭牌，如图 2.2 所示。

图 2.2 EDC17CV44 铭牌

博世产品号（表 2.1）可以通过诊断设备读取到具体的电脑板型号。369 代表的产地是苏州，产地号后面是电脑板的生产日期以及 8 位序列号。

表 2.1 EDC17CV44/54 博世产品号对照表

产品号	发动机厂家	产品号	发动机厂家
281016894	潍柴	281020181	朝柴
281020190	华菱	281020292	重汽
281020171	锡柴	281020232	扬柴

引导问题 4：博世电脑板型号代表的含义，见表 2.2。

表 2.2 博世电脑板型号含义

ECU	Electronic Diesel Control / 电子柴油控制
7/16/17	平台代号
U	Electronic Unit Injector/Pump / 电控单体泵系统
C	Common Rail / 共轨系统
31/44/53	运行程序代码 / 客户编号

例如：电脑板型号 EDC17CV44 和 EDC17C55。CV 是 24V 供电的共轨系统，商用车上用得较多，而 C 是 12V 供电的共轨系统，多用于乘用车。

市场上常见的博世 EDC17 电脑板型号有 EDC17CV44/54、EDC17C53、EDC17C55 等。

引导问题 5：我们经常看到的 EDC7 与 EDC17 有什么区别？

EDC17 发动机工作运行的原理与 EDC7 系统基本相同，只是在控制条件和参数上加入了后处理部分的响应，来满足国家对节能减排的新要求。相比于 EDC7，EDC17ECU 在功能上全面集成了后处理控制部分，不再单独控制，从而简化了系统，降低了成本，在 SCR 和 EGR 两条控制路线上得到了多数动力厂家的应用支持。

引导问题 6：ECU 是怎样工作的？

在共轨式蓄能器喷射系统中，压力的产生和燃油的喷射是完全脱开的。喷射压力的产生与发动机转速和喷油量毫不相干。燃油以一定的压力储存在高压蓄能器（即"共轨"）内，时刻准备着进行喷射。喷油量由驾驶人确定，喷射起点、喷射持续时间和喷射压力由电子控制单元（Electronic Control Unit，ECU）计算出来。然后，ECU 触发电磁阀，使每个气缸的喷油器（喷油单元）相应地进行喷射。

无论是哪一种柴油发动机电控系统，其电路组成都有三大部分：传感器（输入）、控制器（处理）、执行器（输出）。

传感器是将发动机各机械装置的状态通过各种特殊的电子元件，转换成电压信号，再通过线束传递给控制器 ECU，ECU 的安装位置如图 2.3 所示。

控制器 ECU 内部存储着发动机运转的各种参数和运行程序，当接收到传感器传递的发动机状态信号后，会根据事先编制好的程序，对数据进行计算处理，然后将处理后的结果对比程序中的数据图谱，通过驱动电路发出"驱动指令"（也就是电压）。

执行器在接收到控制器 ECU 传来的驱动指令后，就会转换成机械动作，以完成相应的功能。

图 2.3 WP10 发动机 ECU 的安装位置

例如：ECU 通过冷却液温度传感器监测发动机的运行温度，冷却液温度传感器将发动机温度的变化转换成相对应的电压变化，ECU 将电压与事先存储的数据进行对比，就能计算出发动机的实时温度；当发动机温度达到一定值时（部分发动机设定为 90℃），ECU 就通过内部的驱动场效应管控制冷却风扇继电器的接通，使得冷却风扇得到工作电压开始运转。

ECU 像是人的大脑，传感器像人的眼睛和耳朵，而执行器像手和脚；手和脚就是在大脑的控制下，执行着大脑在得到眼睛耳朵反映后发出的控制命令。

引导问题 7：EDC17 的内部是如何组成的？

柴油机的 ECU 外观是一个扁平的金属盒（图 2.4），拆开两面的金属盖，ECU 内部有一块电路板（图 2.5），电路板上有一个多端的集成插接器，作为对外连接导线的部件。电路板上分布着一些电子元器件。目前，ECU 都采用贴片（SMT）元器件来制作，单个元器件的尺寸极小且非常薄。

图 2.4　EDC17 控制器 ECU 外形图

a) ECU 下表面

b) ECU 上表面

图 2.5　EDC17CV44 内部结构布局

ECU 下表面与底部的铝合金底座用散热硅胶贴合，上表面安装有用于喷油器升压电路的大容量电解电容，所以这一面与上盖有一定空隙，但两边也有部分电路板贴合在上盖的散热翅片位置，便于给电路板上的大功率芯片散热。

以潍柴博世 EDC17CV44 为例，它包括单片机、系统服务元器件、输入通道元器件、通信服务元器件、输出驱动元器件等。

1. 单片机

我们使用的电脑主要由中央处理单元 CPU（进行运算、控制）、随机存储器 RAM（数据存储）、只读存储器 ROM（程序存储）、输入 / 输出设备 I/O（串行、并行输出口等）组成，安装在印制线路板（主板）上。单片机将以上这些功能集成到一个芯片内。

单片机又叫单片微控制器，它不是完成某一个逻辑功能的芯片，而是把一个计算机系统集成到一个芯片上，相当于一个微型的计算机。单片机是整个 ECU 的核心部件。图 2.5a 中最大的黑色芯片（圆圈标记位置）就是单片机。单片机是 ECU 的核心器件，所有逻辑处理功能都是在它内部完成的。其他元器件大都是围绕着为单片机提供服务而设立的。

2. 系统服务元器件

这些元器件主要是为单片机和其他元器件工作提供条件，例如：用于提供系统工作激励脉冲的晶振芯片，用于提供系统电源服务的芯片，用于提供内存容量扩充的存储器芯片等。这些元器件主要是一些专用集成电路。

3. 输入通道元器件

这些元器件主要用于接收输入信号，起到对输入信号整形、传导、保护性隔离的作用，可将输入信号可靠地送达单片机且对系统不造成安全损害。这些元器件主要是贴片电阻、电容、二极管、光耦合器等。

4. 通信服务元器件

目前，较完善的单片机都自带通信功能，具有内置的 CAN 模块，可以在内部就提供 CAN 通信功能。但由于实际实现通信必须具备对于通信线的驱动能力，所以也需要配备为 CAN 通信服务的外部驱动芯片。

5. 输出驱动元器件

这一类元器件用于驱动输出设备。由于单片机输出的控制信号的负荷能力很有限，为了使输出信号能够直接带动执行设备工作，必须对单片机输出的控制信号做功率放大，这样才能够带动执行器工作。这里起主要作用的是一些大功率晶体管，目前最常用的是 CMOS（金属氧化物半导体）工艺的绝缘栅型场效应晶体管。这些功率管能够控制高达几十安培的工作电流，可以充分满足柴油机的控制需要。这里还需要一些特殊的电容和电感元件，它们通过对电能的蓄积和释放，能够在瞬间产生极高的（80V 或更高）驱动电压满足对于柴油机电控燃油系统特殊的驱动需求。

引导问题 8：ECU 内部的电子元件我们怎么识别？

在图 2.6 的最下方是 ECU 的集成插接器接线端口，这里是 ECU 与外部电路的连接，包括 ECU 电源和传感器、执行器连接、车身电器连接。

为了便于分析，现在将 ECU 内部的主要芯片元件用"位置示意图"表示出来，主要芯片和晶体管也标注了序号，如图 2.6 和图 2.7 所示。

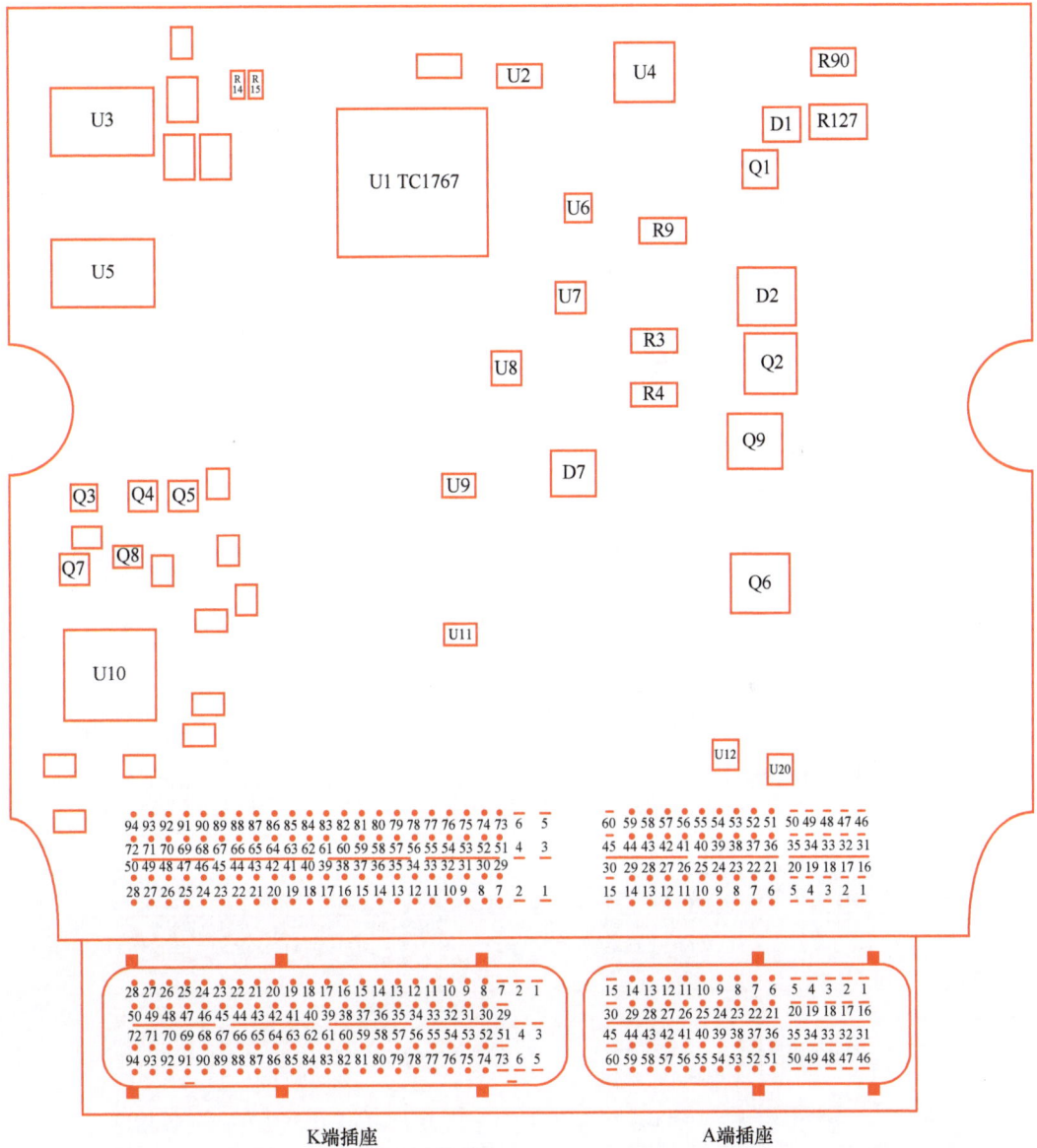

K端插座　　　　　　**A端插座**

图 2.6　ECU 下表面内部芯片位置示意图

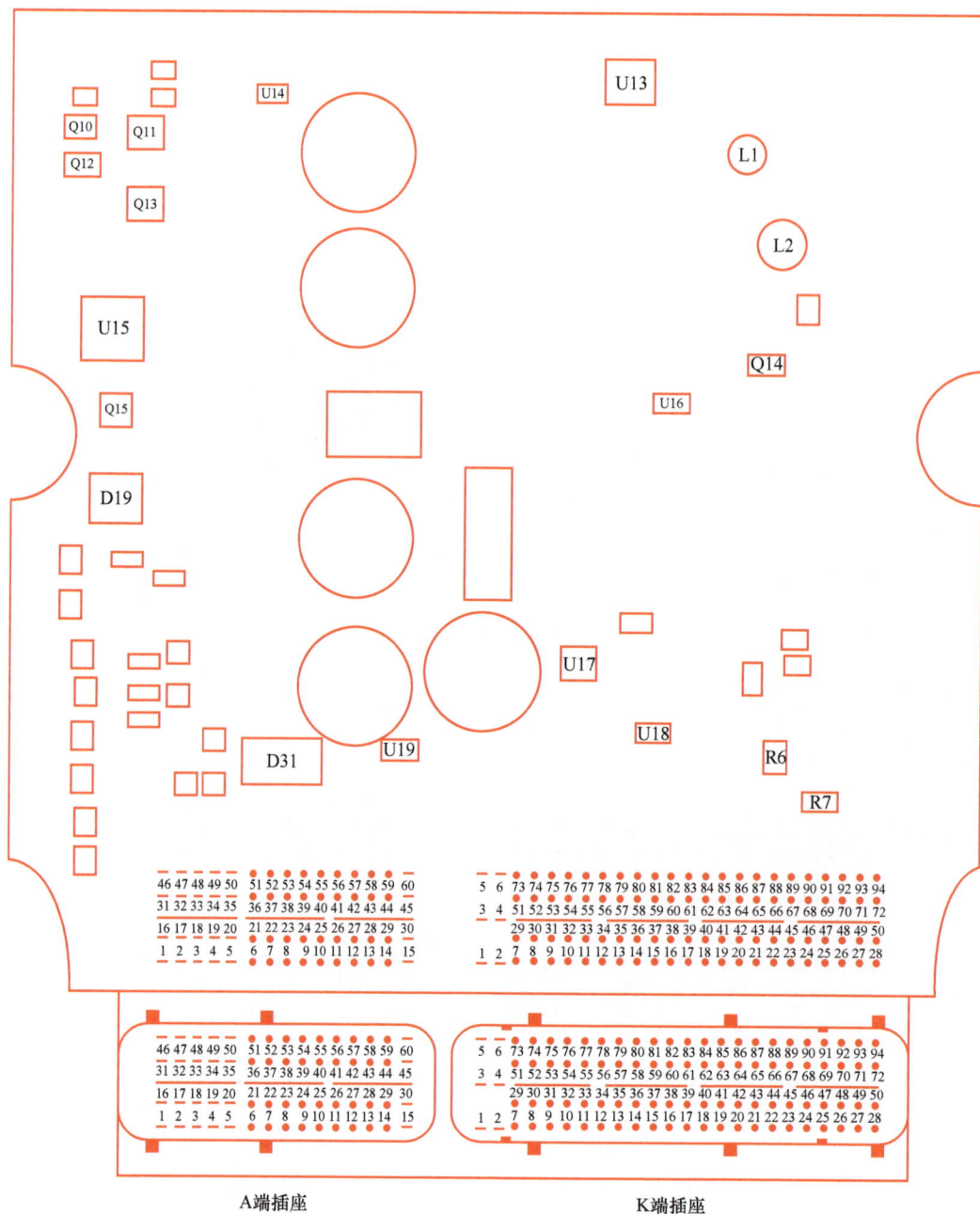

图 2.7　ECU 上表面内部芯片位置示意图

ECU 芯片元件型号及功能见表 2.3。

表 2.3　ECU 芯片元件型号及功能

标号	元件型号	安装位置	连接 ECU 端子	功能
U1	SAK-TC1767-256F80HL	A 面	CPU 没有连接外部端子	ECU 核心处理芯片
U2	HT4851A	A 面		模拟开关多电压采集选择
U3	30680	A 面		ECU 电源管理
U4	40161	A 面		尿素喷嘴和尿素回流电磁阀控制
U5	40111	A 面		一级电源控制转换
U6	LM2903	A 面		喷油器公共高端检测反馈
U7	LM2904	A 面		喷油器公共低端检测反馈
U8	30541	A 面	A37、A52	曲轴位置传感器信号处理
U9	74HC14	A 面		正时控制
U10	8909000864	A 面	多端口	继电器、电磁阀指示灯驱动控制
U11	30541	A 面	A39、A54	凸轮轴位置传感器信号处理
U12	BC856S	A 面		主电源保护与逻辑控制
U13	SMD284	B 面		ECU 内海拔传感器
U14	LM2904	B 面		尿素喷嘴工作检测电路
U15	40005	B 面		喷油器高压及控制电路
U16	752R	B 面	K70	故障诊断灯控制
U17	625033	B 面	K53、K75	CAN1 功能
U18	AD22057	B 面	A05	燃油计量单元
U19	LM2903	B 面		主电源控制功能
U20	3DS	A 面		主电源保护与逻辑控制
Q1	2N08L21	A 面		喷油器 47V 升压控制开关
Q2	BUK9640-100A	A 面		1、2、3 缸喷油器公共端
Q3	94055B	A 面	A04	燃油计量单元电源
Q4	94055B	A 面	K73	执行器 2 电源
Q5	94055B	A 面		主板低空开关上拉电源
Q6	110N04	A 面		主电源 24V 控制
Q7	91955B	A 面	K90、K89、A50、A51	执行器 1 电源
Q8	91955B	A 面	K68、K20、A45、A60	执行器 0 电源
Q9	110N04	A 面		24V 电源保护开关电路
Q10	93075B	B 面	K10	尿素喷嘴电源
Q11	93075B	B 面	K09	尿素喷嘴控制端
Q12	94055B	B 面	K30	尿素回流电磁阀电源
Q13	94055B	B 面	K08	尿素回流电磁阀控制端
Q14	P5316B	B 面		12V 电源转换
Q15	2N08L21	B 面		4、5、6 缸公共低端

（续）

标号	元件型号	安装位置	连接 ECU 端子	功能
Q18	94055B	B 面	A18	2 缸喷油器驱动
Q19	94055B	B 面	A17	3 缸喷油器驱动
Q20	94055B	B 面	A16	1 缸喷油器驱动
Q21	94055B	B 面	A03	5 缸喷油器驱动
Q22	94055B	B 面	A02	6 缸喷油器驱动
Q23	94055B	B 面	A01	4 缸喷油器驱动
D1	U620TG	A 面		喷油器 47V 升压电路
D2	F20UP20DN	A 面		1、2、3 缸喷油器公共端
D19	F20UP20DN	B 面		4、5、6 缸公共低端
D31	SM8S36B	B 面		主电源瞬态抑制器
L1	5.6UH	B 面		24V 电源滤波
L2	47UH	B 面		一级电源 6.1V 电路电感

引导问题 9：EDC17 集成插接器端口端子如何分布？

EDC17 电控单元有两个集成插接器线束插槽，较大者连接整车线束，有 94 个端子，ECU 电源、车身上的开关、加速踏板位置传感器、仪表、诊断通信等都由这一端口连接输入和输出；较小者连接发动机线束，有 60 个端子，发动机上的传感器、执行器等都由这一端口输入和输出，如图 2.8、图 2.9 所示。

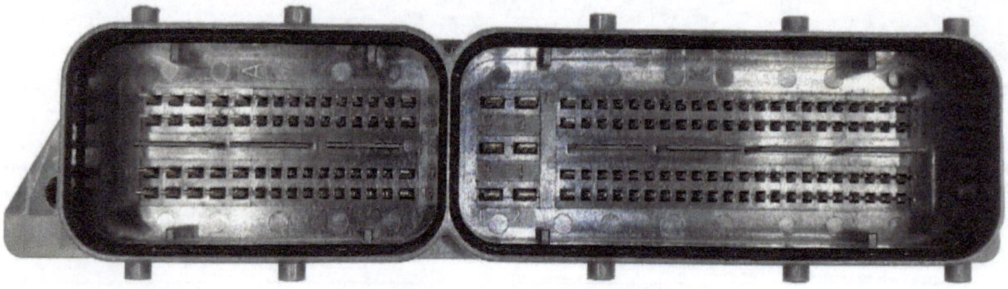

图 2.8　EDC17 ECU 端口

A 端插座　　　　　　　　　　　　K 端插座

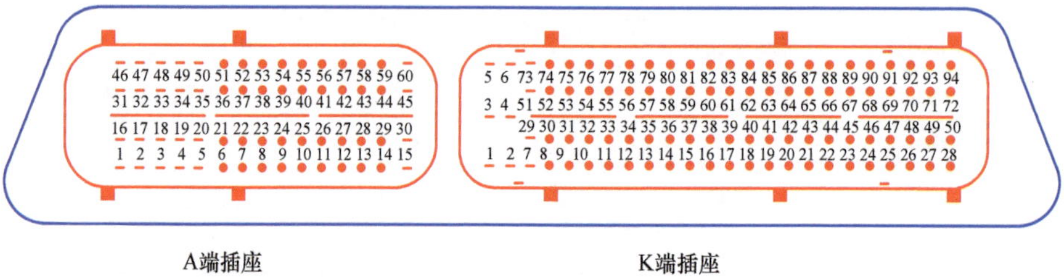

图 2.9　EDC17 ECU 端口编号

引导问题 10：ECU 外部电源及通信电路的原理是什么？

ECU 本身是一个用电设备，也有相应的电源电路。它还会通过 CAN 网络完成诊断与通信功能，OBD 随车诊断系统也可以通过 K 线总线实现诊断通信。

当 ECU 电源出现问题时，发动机电控系统除了不能实现发动机起动外，还会出现与诊断仪不能通信，其他电控系统也会与 EDC 失去通信。

可将 EDC17 ECU 的电源、网络通信等线路画到一起，如图 2.10 所示。通过 ECU 集成插接器 K 端口的 40 号端子，ECU 还可以输出发动机转速信号。

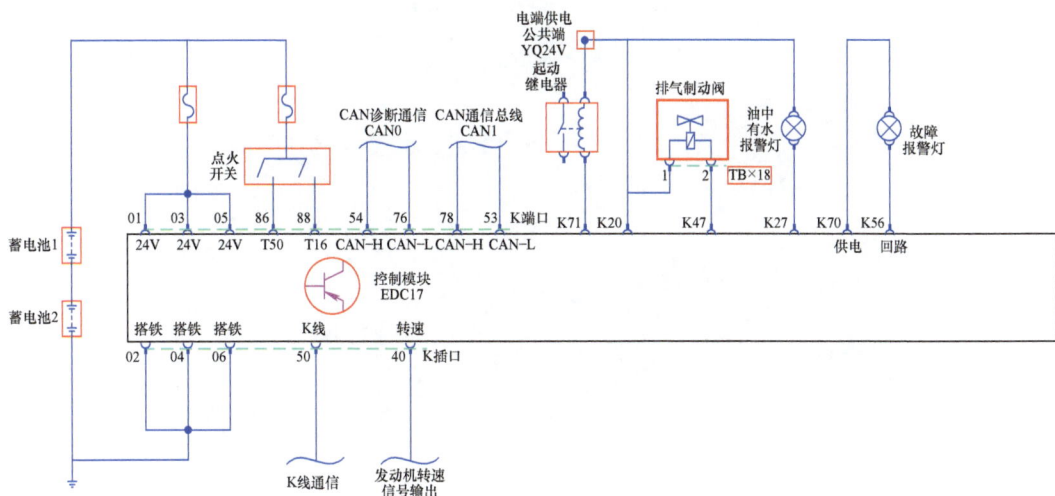

图 2.10　EDC17 ECU 电源及通信电路图

ECU 与其他车辆电器一起共用 24V 的蓄电池（发动机起动后发电机也参与供电）电源。ECU 电源电路由以下几条电路组成：

1）蓄电池正极通过 ECU 电源熔丝至集成插接器 K 端口的 1、3、5 号端子供电，如图 2.11 所示，2、4、6 号端子提供着 ECU 的负极搭铁，构成回路（ECU 电源熔丝除了给 ECU 供电以外，还会通过 ECU 给喷油器供电，供电电流较大，所以分为三个端子，以增大接触面积，减少发热的产生）。

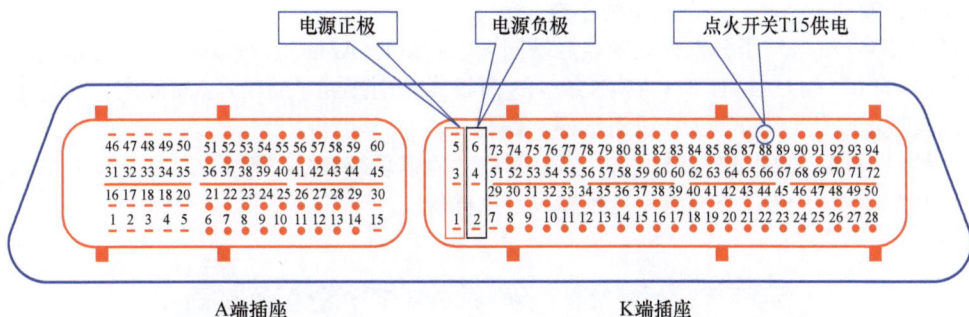

图 2.11　ECU K 端插座连接蓄电池正负极端子示意图

2）有了电源正负极的连接，ECU 还不会进入工作状态，这需要点火开关将运行电压 T15 通过 K 端口 K88 号端子（图 2.12）输送到 ECU，K88 端子连接到 ECU 上的电阻 R14、R15，最后连到电源芯片 U3 30680 的 5 号端子。有了 K88 号端子的工作电压，U3 启动供电，ECU 开始工作。熄火时关闭点火开关，切断 88 号端子的供电，ECU 经过短暂的数据保存及后续工作后，将进入"休眠"状态，大部分芯片停止工作。此时，ECU 耗电量极低。

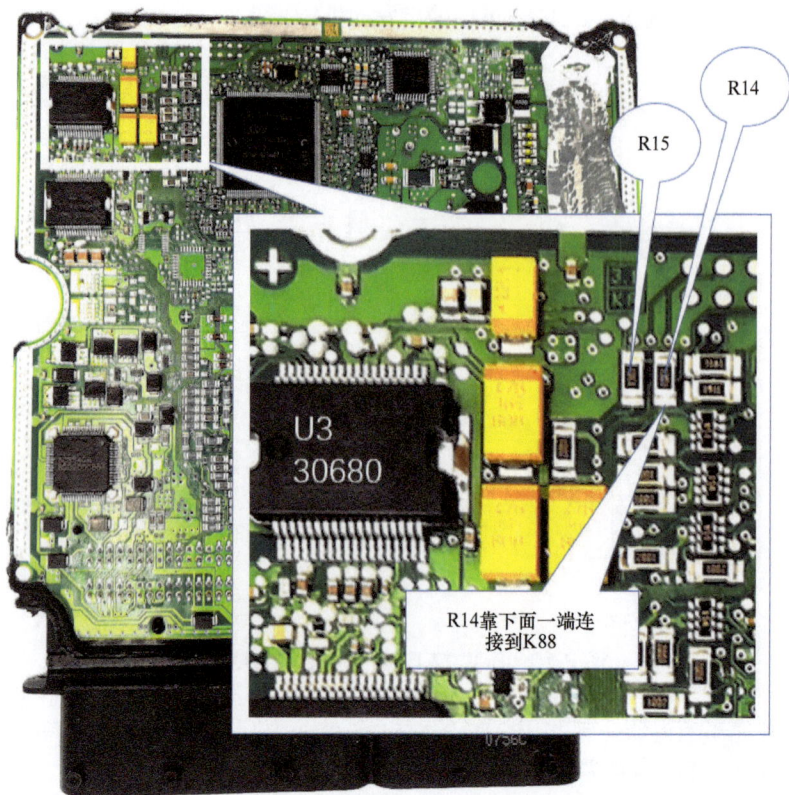

图 2.12　EDC17 ECU 内电源管理芯片

　　起动信号 T50 则由点火开关通过 K 端口 35 号端子（图 2.13）提供，T50 有工作电压时，ECU 通过 K 端口 71 号端子控制起动机继电器搭铁，起动机即工作（这一功能是 EDC17 的选用功能，如起动机选用 EDC ECU 进行控制时，这一电路必须使用，这时起动机将有起动保护功能，发动机运转后，起动机将不能运转）。

　　K 端口 54、76 号端子分别是控制器局域网（Controller Area Network，CAN）通信网络"诊断通信 CAN 0"的 CAN-H 和 CAN-L 线。这两根线分别接到了 OBD 诊断插座，通过这两根线可以实现诊断仪对 EDC ECU 进行诊断和编程。

　　K 端口 75、53 号端子分别是 CAN 通信网络"通信总线 CAN 1"的 CAN-H 和 CAN-L 线。

引导问题 11：ECU 外部电源连接方式是怎样的？

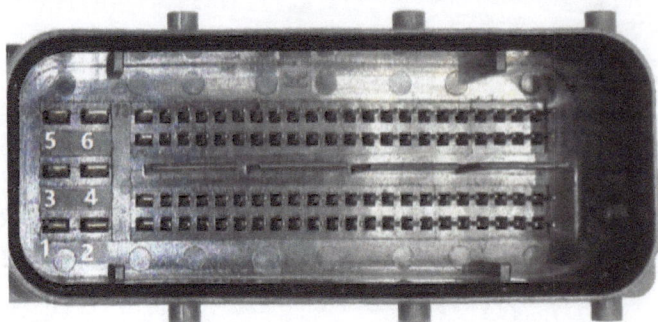

图 2.13　EDC17 ECU K 端口端子布置

K 端口内 K1、K3、K5 三个端子是 ECU 的电源 24V 输入，K2、K4、K6 是三个负极端子。

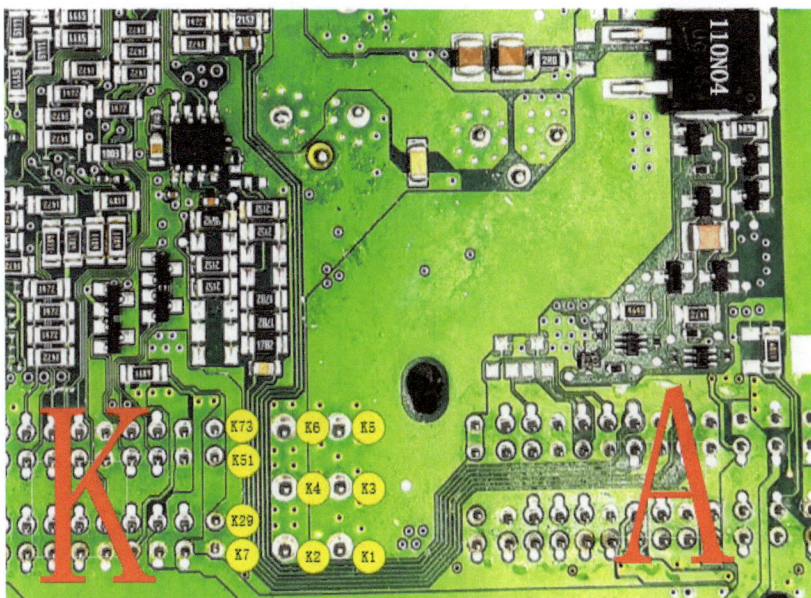

图 2.14　EDC17 ECU K 端口电源正极与负极连接焊点

拆开 ECU 后，从 PCB（Printed Circuit Board，印制电路板）上的端子焊盘（图 2.14）可以看出，K1、K3、K5 三个焊点是连接在一起的，而 K2、K4、K6 也是焊接在同一焊盘上。

与 K1、K3、K5 相接的晶体管型号是 110N04，这是一个超低导通阻抗的 N 沟道功率 MOSFET，常应用于高电流开关电路，如图 2.15 所示。这个晶体管的作用是防反接保护和主电源开关控制。

图 2.15　与 K1、K3、K5 相接的 N 沟道功率 MOSFET

【任务分组】

班级		组号		指导教师	
组长		组员			
任务分工	1. 负责在实车上找到车辆的 ECU 2. 根据维修手册找出 ECU 电源电路图 3. 负责分析 ECU 模块端子数量及各端子的作用				

【工作实施】

本任务主要包含了解 ECU 安装的位置，识读实训车辆 ECU 电源电路的电路图，了解 ECU 模块端子的数量及各端子的作用。

引导问题 1：实训前的准备工作。

EDC17 CV44/54 电脑板 5 个、诊断仪（E800）5 台、万用表 5 块、拆装工具 5 套、维修资料 5 本等。

引导问题 2：维修人员自查安全防护是否到位，是否穿工装、劳保鞋等。

引导问题 3：找到 ECU 的 BAT+、BAT− 端子，并简要描述它们的作用。

引导问题 4：找到 ECU 的 CAN 线、K 线端子，并简要描述它们的作用。

引导问题 5：找到电源芯片 U3，并完成 U3 至 K88 的通断测量。请记录步骤。

引导问题 6：简述 MOSFET 的测量方法？

【评价反馈】

检查评估	维修资料、工具、设备的正确使用	A	B	C	D
	操作规范和任务完成情况	A	B	C	D
	任务工单填写	A	B	C	D
	纪律和回答现场提问	A	B	C	D
	团队合作	A	B	C	D
	安全和环保	A	B	C	D
成绩					
评语				教师签字： 日期：	

【单元测试】

1. 柴油发动机 ECU 内部包含传感器模拟信号和数字信号的"输入处理"芯片、对输入数据进行计算处理的"微处理器"芯片、对输出信号进行功率放大的"输出处理"芯片。

2. 2020 年，博世公司与中国动力装备制造商_____在发动机技术上取得历史性突破。双方合作将潍柴重型商用车柴油机热效率提升至_____，由此在全球范围内树立了产业新标杆。

3. EDC17 发动机工作运行的原理与 EDC7 系统基本相同，只是在控制条件和参数上加入了_____的响应，来满足国家对节能减排的新要求。

4. 以潍柴博世 EDC17 CV44 为例，它包括_____、系统服务元器件、输入通道元器件、_____、输出驱动元器件等。

5. EDC17 电控单元有两个集成插接器线束插槽，较大者连接_____，有 94 个端子；较小者连接_____，有 60 个端子。

6. 蓄电池正极通过 ECU 电源熔丝至集成插接器 K 端口的_____端子供电，_____端子提供着 ECU 的负极搭铁，构成回路。

7. ECU 具有正常的供电回路还需_____将运行电压_____通过 K 端口 K88 号端子输送到 ECU。

任务 2.2　信号输入与输出

【情境描述】

一辆 2017 年欧曼半挂车，配 EDC17 CV44 发动机电脑板，行驶了 18 万 km。维修人员调取到的故障码为 P00EC 凸轮轴信号缺失，起动困难，限矩无法拉货。据客户反馈，在上家服务站已检测外围电路及传感器，确认正常。请确认故障并修复。

【学习目标】

1. 能通过与客户交流，获取车辆故障信息，确认故障现象。

2. 知道 EDC17 电控单元（ECU)的端子，能看懂传感器控制电路图，会对电路和器件进行检测，分析检测结果，作出故障判断。

3. 能对应资料找到 ECU 电脑板内部相关的电子元件。

4. 能对电子元件做初步判断。

【获取信息】

引导问题 1：ECU 传感器信号有哪几种？

柴油机 ECU 传感器传递的信号有这几种类型：模拟信号、数字信号、直流脉冲信号、交流电压信号。CPU 处理这些信号的能力并不是很强，所以 ECU 上使用了各种处理不同类型信号的芯片。

引导问题 2：具体到模拟信号是怎样处理的？

模拟电压类传感器有加速踏板位置传感器、发动机冷却液温度传感器等。在 ECU 内，信号是经过一些分立的阻容元件进行稳定后，直接由 CPU U1（SAK-TC1767-256F80HL）进行处理的。

EDC17 CV44 采用的是德国英飞凌公司生产的汽车专用单片机，芯片内部集成了电可擦除存储器和闪存，共 176 个端子，除了电源和负极，大部分端子是用来通信、接收电压信号、发送电压信号的，如图 2.16 所示。

芯片内还集成有 A/D（模拟/数字）信号转换器，可以直接处理模拟电压，进行电压值的判断。单片机就是事先在其内编好处理计算各端子电压的程序，当输入端子的电压改变时，通过内部程序的计算处理，使得输出端子的电压发生改变。

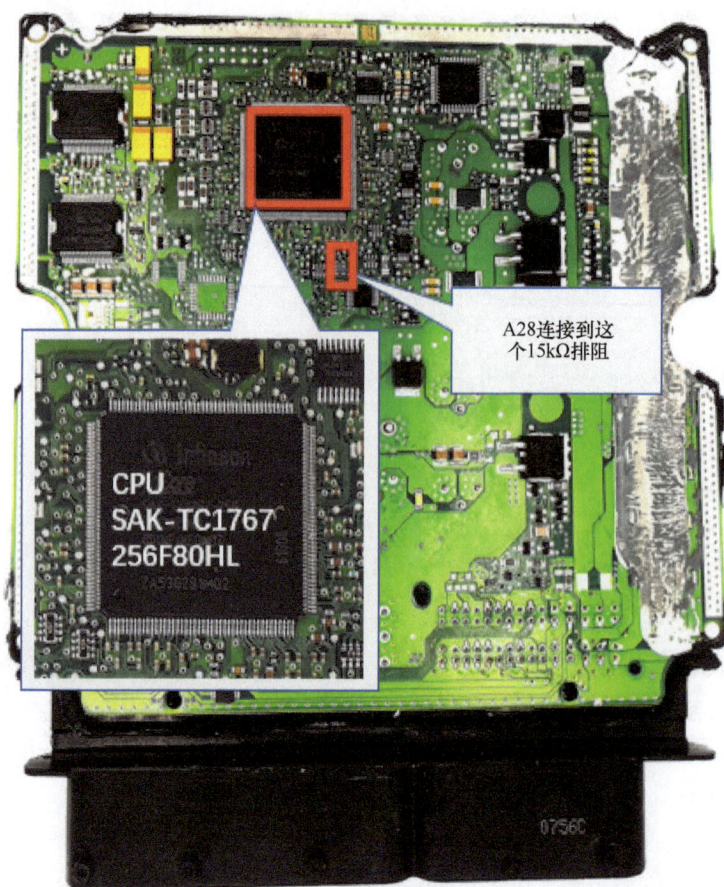

图 2.16　EDC17 ECU 的 CPU

引导问题 3 ：能否举例说明信号处理的过程？

1. 冷却液温度传感器图

图 2.17 是冷却液温度传感器的电路原理图，它有两根导线与 ECU 相连。一根是负极，通过 A54 与 ECU 内的芯片负极相连；另一根导线通过 A39 再通过一个 15kΩ 电阻，再连接到 CPU 的 AN21 号端子，而 CPU 中事先编好的程序就设定了，当 A39 电压发生改变时，CPU 端子电压跟着改变，CPU 就得到了冷却液温度信号，再通过计算，CPU 就能参考冷却液温度变化，调节诸如喷油量和风扇的控制电压输出。

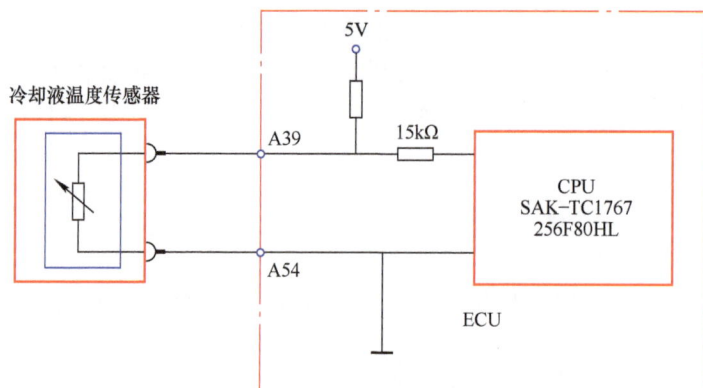

图 2.17　EDC17 冷却液温度传感器电路

2. 凸轮轴位置、曲轴位置传感器信号

U9 和 U11 使用的 30541 芯片，是曲轴和凸轮轴位置传感器信号处理整形的芯片，如图 2.18 所示。30541 是博世公司内部的编号，该芯片的作用是通过对正时信号进行跟踪采集分析，使信号达到 CPU 需要的稳定要求。

如图 2.19 所示，曲轴位置传感器信号通过 ECU 端口 A39 和 A54 号端子输入，再通过 ECU 内部分立电阻和电容，再送到 U11 的 2 和 3 号端子，U11 将信号整形后输送给 U8 芯片，最后输送到 CPU U1。

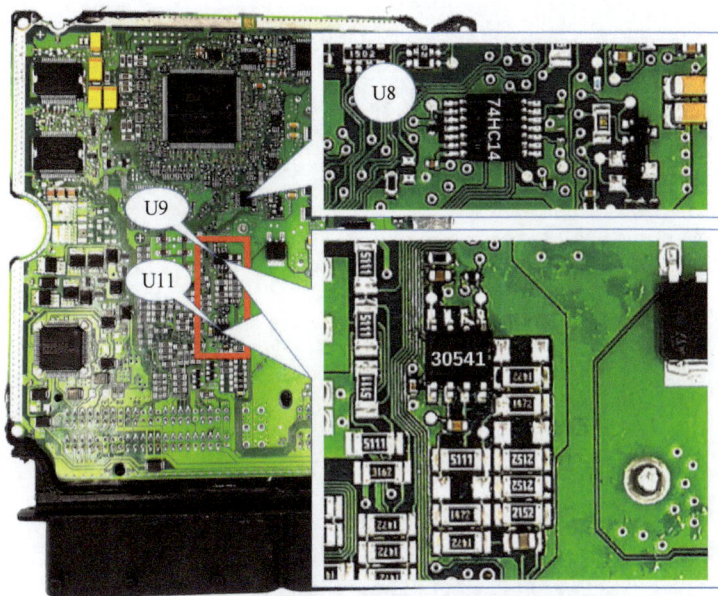

图 2.18　EDC17 ECU 凸轮轴、曲轴信号处理芯片

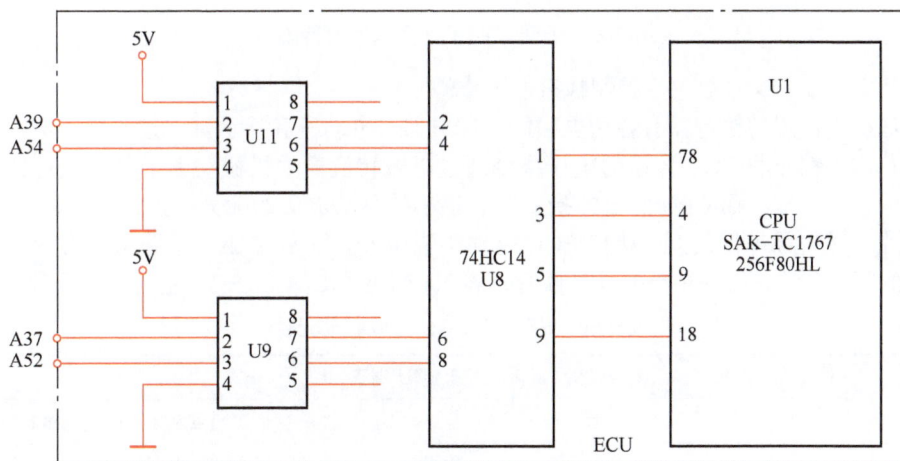

图 2.19　EDC17 ECU 凸轮轴、曲轴信号处理电路

凸轮轴位置传感器信号通过 ECU 端口 A37 和 A52 号端子输入，再通过 ECU 内部分立电阻和电容，再送到了 U9 的 2 和 3 号端子，U11 将信号整形后输送给 U8 芯片，最后输送到

CPU U1。

3. 大气压力传感器

EDC17 ECU 中有一个特殊的传感器，即大气压力传感器，如图 2.20 所示。这个传感器是为了柴油机在不同海拔下运行时，适应不同浓度的大气成分所设立的。高海拔地区，空气中的氧含量低，所以喷油器喷出的燃油量也应随之改变。

这一传感器就安装在 ECU 内部，芯片 U13（SMD284）是博世公司生产的气压传感器专用芯片。

图 2.20　EDC17 ECU 大气压力传感器

引导问题 4：ECU 是怎么控制执行器工作的？

柴油机上使用的执行器有各种电磁阀、继电器、电动机和指示灯，还有喷油器。除了指示灯，基本上都是将 ECU 传递的电压指令通过电磁转换产生机械动力。这些执行器大多需要很大的工作电流，而 CPU 发出的指令只有很小的驱动电流的能力，所以，ECU 上安装有驱动芯片，对信号进行放大，使得 ECU 驱动电流增大。ECU 上驱动电路主要有两种，一种是专用的驱动芯片，另一种是驱动晶体管，表 2.4 列出了 EDC17 ECU 主要驱动元件。

表 2.4　EDC17 ECU 主要驱动元件

标号	元件型号或编号	安装位置	连接 ECU 端子	功能
U4	40161	A 面	—	尿素喷嘴和尿素回流电磁阀控制
U10	8909000864	A 面	多端口	继电器、电磁阀指示灯驱动控制
U16	752R	B 面	K70	故障诊断灯控制
U18	AD22057	B 面	A05	燃油计量单元
Q3	94055B	A 面	A04	燃油计量单元电源

（续）

标号	元件型号或编号	安装位置	连接 ECU 端子	功能
Q7	91955B	A 面	K90、K89、A50、A51	执行器 1 电源
Q8	91955B	A 面	K68、K20、A45、A60	执行器 0 电源
Q10	93075B	B 面	K10	尿素喷嘴电源
Q11	93075B	B 面	K09	尿素喷嘴控制端
Q12	94055B	B 面	K30	尿素回流电磁阀电源
Q13	94055B	B 面	K08	尿素回流电磁阀控制端
Q18	94055B	B 面	A18	2 缸喷油器驱动
Q19	94055B	B 面	A17	3 缸喷油器驱动
Q20	94055B	B 面	A16	1 缸喷油器驱动
Q21	94055B	B 面	A03	5 缸喷油器驱动
Q22	94055B	B 面	A02	6 缸喷油器驱动
Q23	94055B	B 面	A01	4 缸喷油器驱动

引导问题 5：能否举例说明 ECU 控制执行器的过程？

下面将以 U10 8909000864 和 Q20 为例来介绍两种驱动电路。

1. 小功率执行器驱动（图 2.21）

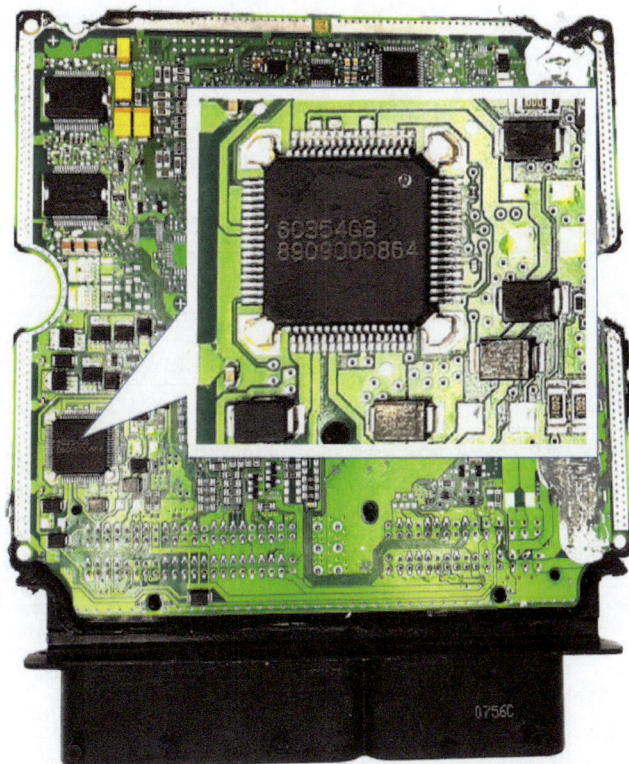

图 2.21 继电器、电磁阀、指示灯专用驱动芯片

继电器、电磁阀、指示灯一般工作电流在十几毫安到几百毫安之间，单片机的驱动能力只有几十毫安，所以使用一块专用驱动芯片将驱动电流进行放大。

芯片 U10（8909000864）是博世公司专用的名字，市面上的通用芯片手册中并无此芯片数据。如图 2.22 所示，这是一块 64 端子封装的方形芯片，通过测量 ECU 接口到芯片上的导通情况，可以得知 ECU 端口端子与芯片端子的连接位置。驱动芯片与 ECU 端的连接见表 2.5。

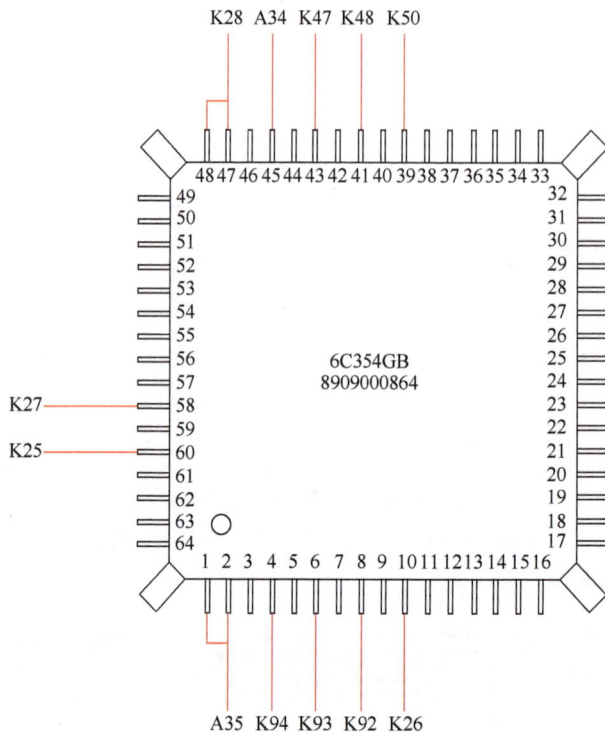

图 2.22　U10 驱动芯片 8909000864 端子

表 2.5　U10 驱动芯片 8909000864 端子与 ECU 端口端子连接列表

芯片端子	ECU 端口端子	功能
1、2	A35	冷却风扇 1 负极
4	K94	后处理加热继电器负极
6	K93	尿素泵控制
8	K92	尿素箱到泵管路加热继电器回路
10	K26	尿素箱到泵加热继电器回路
39	K50	泵到尿素箱加热继电器回路
41	K48	冷起动指示灯
43	K47	排气制动阀回路
45	A34	冷却风扇 2 负极
47、48	K28	尿素加热电磁阀回路
58	K27	油中有水警告灯
60	K25	尿素泵加热继电器回路

图 2.23 是后处理系统 SCR 尿素加热系统电路原理图，从图中可以看出，各加热继电器的供电由 K90 并联提供，搭铁回路由各自端子控制，各自端子又由芯片 U10 控制。

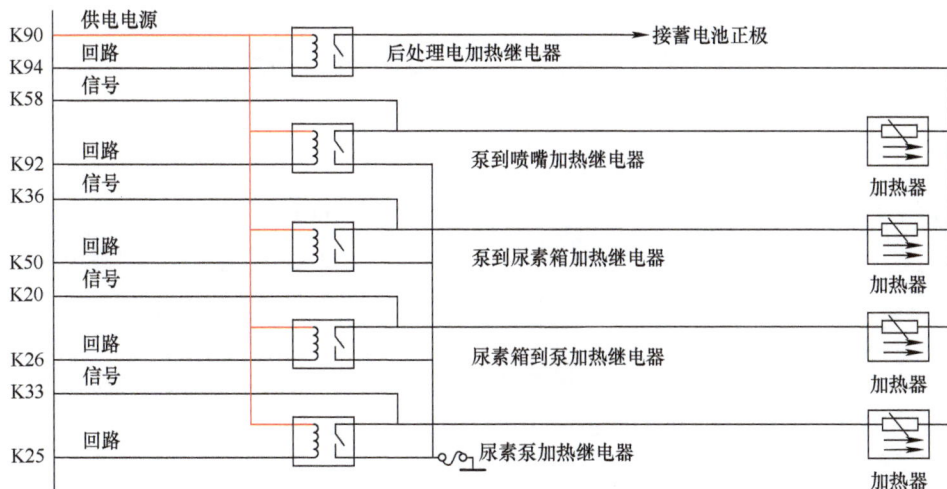

图 2.23 后处理系统 SCR 尿素加热系统电路原理图

当由于外部电路故障造成 ECU 内的 U10 芯片损坏时，只需要更换 U10 就可以了，而不需要更换昂贵的 CPU 芯片和进行复杂的编程。

2. 喷油器驱动晶体管

喷油器的功率比一般电磁阀、继电器更大，一般 ECU 的设计都将喷油器进行单独驱动。

EDC17 的喷油器驱动就是由 Q18 到 Q23 六个 94055B（型号为 BUK9Y19-55B）的 N 沟道增强型金属氧化物场效应晶体管组成的，其漏源电压可达 55V，连续漏极电流可达 46A，设计功率耗散可达 85W。

图 2.24 所示为 EDC17 ECU 喷油器驱动晶体管的安装位置，电路图如图 2.25 所示。

图 2.24 EDC17 ECU 喷油器驱动晶体管

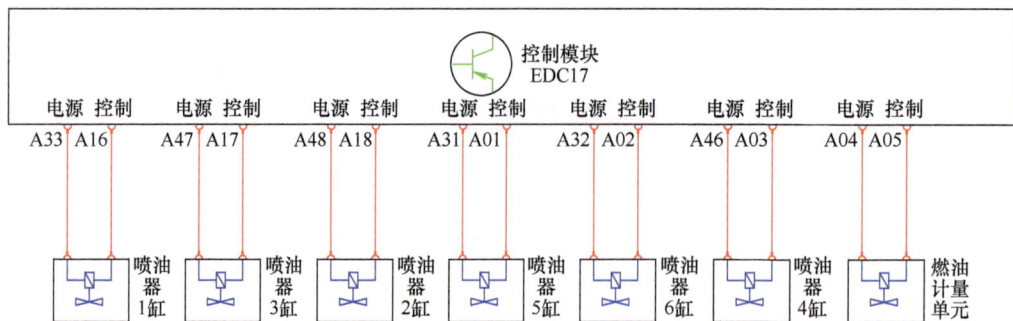

图 2.25　EDC17 喷油器、流量计量单元电路图

BUK9Y19-55B 的 N 沟道增强型金属氧化物场效应晶体管其对应端子及功能符号见表 2.6。

表 2.6　BUK9Y19-55B 端子及功能符号

端子	名称	外形轮廓图	符号
1、2、3	源极（S）		
4	栅极（G）		
mb	漏极（D）		

【任务分组】

班级		组号		指导教师	
组长		组员			
任务分工	1. 负责在实车上找到车辆的 ECU 2. 根据维修手册找出 ECU 电源电路图 3. 负责分析 ECU 模块端子数量及各端子的作用				

【工作实施】

本任务主要包含了解 ECU 安装的位置，识读实训车辆 ECU 电源电路的电路图，了解 ECU 模块端子的数量及各端子的作用。

引导问题 1：实训前的准备工作。

EDC17 CV44/54 电脑板 5 个、诊断仪（E800）5 台、万用表 5 块、拆装工具 5 套、维修资料 5 本等。

引导问题 2：维修人员自查安全防护是否到位，是否穿工装、劳保鞋等。

引导问题 3：找到冷却液温度传感器的端子、与之相连的 15kΩ 电阻及 CPU AN21 端子，并简要描述它们的位置。

引导问题 4：找到 ECU 的 U8、U9 和 U11，并简要描述它们的作用。

引导问题 5：找到大气压力传感器，并简要描述它的作用。

引导问题 6：找到 ECU 喷油器驱动晶体管，并简要描述它的作用。

【评价反馈】

检查评估	维修资料、工具、设备的正确使用	A	B	C	D
	操作规范和任务完成情况	A	B	C	D
	任务工单填写	A	B	C	D
	纪律和回答现场提问	A	B	C	D
	团队合作	A	B	C	D
	安全和环保	A	B	C	D
成绩					
评语				教师签字： 日期：	

【单元测试】

1. CPU 能参考冷却液温度变化，调节诸如_____和_____。
2. 大气压力传感器安装在_____。
3. 各加热继电器的供电由 K90_____提供，搭铁回路由各自端子控制。
4. ECU 上安装有_____，对信号进行_____，使得 ECU 驱动电流增大。
5. 喷油器的功率比一般电磁阀、继电器更大，一般 ECU 的设计都将喷油器进行_____。

项目三 专用诊断设备的使用 **3**

项目导读

项目描述	作为未来的专业维修技师，第三步是学会使用专用诊断设备。通过本项目 5 个任务的训练，应能正确使用万用表、示波器及诊断仪，学会读取电控系统内部的相关信息，提升团队协作能力和安全环保意识
项目任务	任务 3.1　蓄电池检测仪的使用 任务 3.2　万用表的使用 任务 3.3　使用示波器测量波形 任务 3.4　诊断仪的使用 任务 3.5　OBD 接口数据检测

随着汽车技术的提高、汽车保有量的增长、汽车维修市场的发展，一批现代企业进入了汽车维修设备行业，开始生产和提供各类专业汽车维修设备，从而使国内先进的汽车维修设备大量普及，并大量出口国外。

任务 3.1　蓄电池检测仪的使用

【情境描述】

一辆使用了 6 年的陕汽重型货车，仪表板上的蓄电池故障灯长亮且起动困难，进厂进行维修。经过与客户交流，确认蓄电池一直未更换。技术经理安排你先确认蓄电池的好坏。请就车找到蓄电池并完成蓄电池的检测。

【学习目标】

1. 能通过与客户交流、查阅相关维修技术资料等方式，获取故障车辆信息。
2. 能读懂蓄电池的规格。
3. 能规范使用检测仪对蓄电池进行检测，并得出结论。
4. 能根据环保要求，正确处理对环境和人体有害的辅料、废气、废液和已损坏的零部件。

【获取信息】

引导问题 1：货车蓄电池有哪些种类？

蓄电池作为汽车的主要电源之一，根据其结构的不同大致可分为以下两种类型。

1）传统的普通铅酸蓄电池：主要由铅和铅的氧化物组成，其日常维护频繁且使用寿命较短。

2）免维护蓄电池：由于电解液的消耗量非常小，目前在车辆中得到广泛应用。

引导问题 2：货车蓄电池的作用。

蓄电池是一种将化学能转变成电能的装置，属于直流电源，它的作用有：

1）起动发动机时，给起动机提供强大的起动电流。

2）当发电机过载时，可以协助发电机向用电设备供电。

3）当发动机处于怠速时，向用电设备供电。

4）蓄电池还是一个大容量电容器，可以保护汽车的用电器。

5）当发电机端电压高于蓄电池的电动势时，将一部分电能转变为化学能储存起来，也就是进行充电。

引导问题 3：怎么判断蓄电池型号（图 3.1）？

图 3.1 蓄电池外观

以型号为 6-QW-120A(850) 的蓄电池为例，说明如下：

1）6 表示由 6 个单格电池组成，每个单格电池电压为 2V，即额定电压为 12V。

2）Q 表示蓄电池的用途，代号见表 3.1。

表 3.1 蓄电池的用途代号

代号	Q	M	JC	HK	D	F
用途	汽车起动用蓄电池	摩托车用蓄电池	船舶用蓄电池	航空用蓄电池	电动车用蓄电池	阀控型蓄电池

3）W 表示蓄电池的类型，类型代号见表 3.2。

若不标，则表示普通型蓄电池。

表 3.2 蓄电池的类型代号

代号	A	W
蓄电池类型	干荷型蓄电池	免维护型蓄电池

4）120A 表示蓄电池的额定容量为 120A·h。

5）角标 a 表示对原产品的第一次改进，名称后加角标 b 表示第二次改进，依次类推（举例的蓄电池未标）。

型号后加 D 表示低温起动性能好，如 6-QA-110D。HD 表示高抗振型，DF 表示低温反装，如 6-QA-165DF。

6）（850）表示冷起动电流值（CCA）。

冷起动电流值是指在 −18℃时在电压降到 7.2V（额定电压为 12V 的蓄电池极限馈电电压）前，连续 30s 可提供 850A 的电流量。

引导问题 4：怎么通过电量指示器判断蓄电池的性能？

蓄电池电量指示器只能作为蓄电池状态的初步判断，最终判断的依据是蓄电池检测仪的数据。蓄电池电量指示器（图 3.1）位于蓄电池上平面左端接线桩附近，指示器的窥视孔分别显示三种颜色：

绿色——良好

黑色——需加液或充电

白色——需更换

引导问题 5：为什么不能用万用表检测电压的方式作为蓄电池性能的评价依据？

蓄电池性能包含电压、内阻、容量、寿命等。

电池内部阻抗，简称电池内阻，是一项影响电池性能的关键指标。电池使用时间越长，盐化增加，内阻越大。测试电池内阻是判断电池供电能力的重要依据。

引导问题 6：蓄电池在什么状态下进行检测？

蓄电池刚充饱和状态下电压会略高于正常值，应开启前照灯 2~3min，待电压降至正常值再测量。

引导问题 7：蓄电池检测仪怎么使用？能进行哪些测试？

不同的检测仪操作方式各不相同，但是都很简单，按菜单操作即可完成，此处不再说明。

蓄电池检测仪通过快速测试及精确测试，可进行蓄电池测试、起动测试、充电系统测试及最大负荷测试等。

快速测试：安时（A·h）设定测试。

精确测试：起动电流（CCA）设定测试。

蓄电池测试：冷起动电流、电池内阻、电压、寿命分析。

起动测试：系统起动过程电池变化情况。

充电系统测试：充电系统工作输出状态。

最大负荷测试：电池最大负荷状态。

引导问题 8：蓄电池检测仪检测结果中 SOC 及 SOH 分别指的是什么？

SOC（State of Charge），即荷电状态，用来反映蓄电池的剩余容量，其数值上定义为剩余容量占蓄电池容量的比值，常用百分数表示。其取值范围为 0%~100%，当 SOC=0% 时表示蓄电池放电完全，当 SOC=100% 时表示蓄电池完全充满。

SOH（State of Health），即电池健康状态，表征当前蓄电池相对于新蓄电池存储电能的能力，以百分比的形式表示蓄电池从寿命开始到寿命结束期间所处的状态，用来定量描述当前蓄电池的性能状态。蓄电池的性能指标较多，国内外对 SOH 有多种定义，概念上缺乏统一，目前 SOH 的定义主要体现在容量、电量、内阻、循环次数和峰值功率等方面。

引导问题 9：蓄电池更换的依据是什么？

在汽车蓄电池行业，80% 的容量作为临界点。因此当蓄电池容量降至原额定容量的 80% 时，就必须更换。

【任务分组】

班级		组号		指导教师	
组长		组员			
任务分工	1. 负责在实车上拆装蓄电池 2. 负责根据蓄电池标注的参数进行分析 3. 负责根据蓄电池电量指示器进行电量分析并充电 4. 负责使用蓄电池检测仪对蓄电池进行检测				

【工作实施】

本任务包含蓄电池的拆装、参数分析及蓄电池的检测。

引导问题 1：实训前的准备工作。

潍柴运行台架 5 台、蓄电池检测仪 5 台、拆装工具 5 套等。

引导问题2: 维修人员自查安全防护是否到位，是否穿工装、劳保鞋等。

引导问题3: 拆装蓄电池的注意事项有哪些？

引导问题4: 蓄电池标注的参数分别指代的含义？

引导问题5: 蓄电池电量指示器显示的什么颜色？指代的含义是什么？

引导问题6: 使用蓄电池检测仪检测的项目有哪些？得到的结论是什么？

【评价反馈】

检查评估	维修资料、工具、设备的正确使用	A	B	C	D
	操作规范和任务完成情况	A	B	C	D
	任务工单填写	A	B	C	D
	纪律和回答现场提问	A	B	C	D
	团队合作	A	B	C	D
	安全和环保	A	B	C	D
成绩					
评语				教师签字： 日期：	

【单元测试】

1. 货车蓄电池根据其结构的不同大致可分为_____和_____两种类型。

2. _____是判断蓄电池供电能力的重要依据。

3. 蓄电池以_____作为更换的临界点。

4. 简述货车蓄电池的作用。

5. 6-QW-120A(850) 蓄电池的规格具体表示哪些参数?

任务 3.2　万用表的使用

【情境描述】

新学员入厂进行技能判定,技术经理考核你对电控柴油发动机常用诊断设备的使用情况。请就车进行万用表的操作使用。

【学习目标】

1. 能进行万用表基本操作(含电压、电阻、电流的测量)。

2. 能对基本电路进行断路、短路的判断。

3. 能根据环保要求,正确处理对环境和人体有害的辅料、废气、废液和已损坏的零部件。

【获取信息】

在车辆电气系统诊断维修时,通常需要涉及电气线路和电子元器件的测量。使用数字万用表可以完成对电路或电子元器件的精确测量。

引导问题1:数字万用表的档位有哪些?请根据电气符号进行说明。

数字万用表是一种电子测量的工具,因其功能强大应用广泛,所以又被大家称为多用表、万能表和复用表等,如图3.2所示。测量范围包括:交 / 直流电压、交 / 直流电流、电阻、二极管、晶体管、导线导通和电容等,如图3.3所示。

图 3.2　数字式万用表

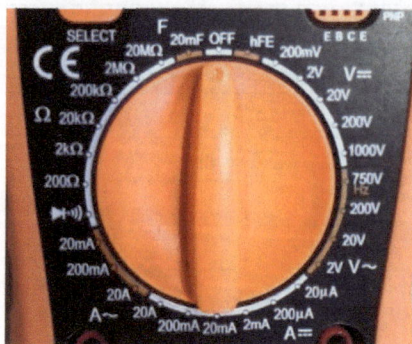

图 3.3　万用表档位

Ω—电阻档　A—电流档　V—电压档　F—电容档

hFE—晶体管档　⇥—二极管档　OFF—关闭

引导问题 2：数字万用表的表笔怎么连接？

红表笔一般接正极，应插入 A、mA/μA、Ω/V 孔。黑表笔一般接负极，只能插入 COM 孔。

引导问题 3：怎么进行交／直流电压测量？

1. 按图连接电路

如图 3.4 所示，左侧纵线接红色供电线，右侧纵线接黑色搭铁线。纵线端口分别相互导通，田字格 9 个端口内部是连通的。

电路元器件从左至右分别是短接模块（导线）、单刀双掷（开关）、灯（负载）、短接模块、短接模块。

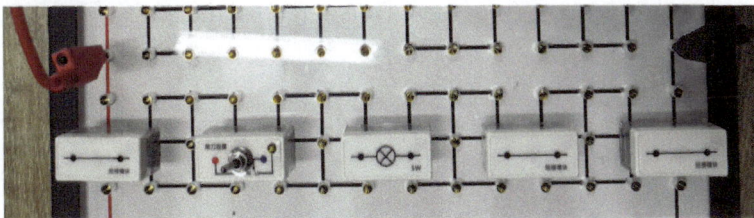

图 3.4　电压测量电路

2. 使用万用表测量电压

以测量负载的电压为例，其操作过程如下：

1）首先应给电路通电，观察灯泡是否点亮。

2）将万用表黑色插头插入 COM 插孔，红色插头插入 V/Ω 插孔。

3）若测量直流电压，则将旋转开关置于 DC（直流）电压位置；若测量交流电压，则将旋转开关置于 AC（交流）电压位置。

4）万用表应并联到测量电路中，将黑色插头的探针接至负载的搭铁侧，将红色插头的探针接至负载的电源侧，如图 3.5 所示。此时，万用表显示屏读数即施加在负载上的电压值。

图 3.5　使用万用表测量电压

引导问题 4：什么是电压降？怎么测量？

当电流流过电路时，在电路中任何具有电阻的元件均会消耗电压，这部分消耗的电压称为电压降。电路中的导线和开关也有电阻，但电阻很小，它们也会有较小的电压降。

若导线或开关存在较大的电压降，则表明电路存在故障。电压降的测量可以帮助我们快速查找出电路的故障点。

测量电路中任何部件的电压降时，首先应给电路通电。以测量开关的电压降为例，其操作过程如下：

1）将黑色插头插入 COM 端子，红色插头插入 V/Ω 端子。

2）将旋转开关置于 DC（直流）电压位置。

3）使红色插头的探针和黑色插头的探针分别连接开关的两端，如图 3.6 所示。此时，万用表显示屏读数即开关的电压降。

注意事项：

1）测量前，要预判被测量电压值，通过预判值选择合适量程，量程一定要大于等于预判电压。

2）测量过程中不要用手触摸表笔金属部分。

3）交流电压无正负之分，直流电压有正负之分，测量时

图 3.6　测量开关的电压降

读数出现负值，说明红黑表笔接反。

引导问题 5：怎么进行电阻的测量？

测量电阻时，应首先确认是否已断开电路的电源。因为在电路断电的情况下，使用万用表测得的电阻值可以明确地指示电路的功能性（如断路或短路等）。而在通电状态下，组件的功能特性会有所不同。例如，灯泡不通电时的电阻非常小。此时使用万用表测量灯泡的电阻只能用来判断灯丝的导通性，而不能反映灯泡工作时的实际电阻。

以测量负载的电阻为例，其操作过程如下：

1）将黑色插头插入 COM 插孔，红色插头插入 V/Ω（电压 / 电阻）插孔。

2）将旋转开关置于 Ω（电阻）位置。

3）将万用表以并联的方式接入电路中。使红色插头的探针和黑色插头的探针分别连接待测负载的两端，如图 3.7 所示。此时，万用表显示屏读数即为负载的电阻值。

使用万用表测量车辆线路或部件电阻时，万用表可能会显示 0.00Ω 或 OL。0.00Ω 表示测量的电阻是 0Ω；OL 表示测量的电阻超出范围（该情况通常发生在采用手动方式选择量程时）。

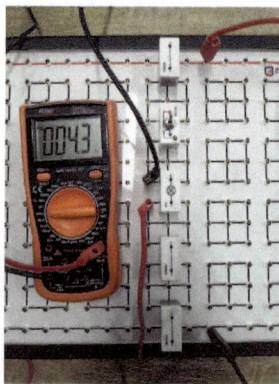

图 3.7 电阻的测量

如图 3.8 所示，0Ω 状态为无负载直通状态；如图 3.9 所示，OL 状态说明（万用表档位选择为 2kΩ，而被测量的电阻 3kΩ）超过万用表所选择的量程。

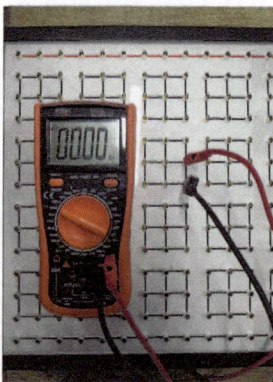

图 3.8 0Ω 状态

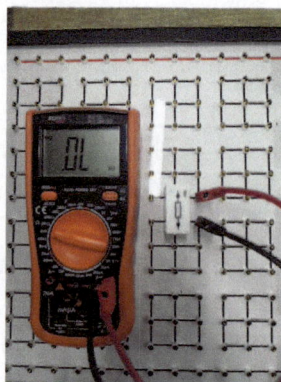

图 3.9 OL 状态

引导问题 6：怎么进行直流电流的测量？

1）连接电路：将测量电压用的电路任意取下一个短接模块。

2）使用万用表测量电流（图 3.10）时，其操作过程如下：

① 将红色插头插入 A（安培）输入插孔，而黑色插头插入 COM 插孔。

② 将旋转开关置于 mA/A（毫安 / 安培）位置。

③ 在电路上形成一个断路，位置最好在熔丝或线束连接端。

④ 连接万用表，确保万用表串联在被测量电路中。

⑤ 给电路通电，万用表所显示的数值即为流经电路的电流值。

使用万用表测量电流时，有两种插孔端子可供选择，A 端子内部连接有 10A 熔丝，mA 端子内部连接有 400mA 熔丝。测量前，应先评估被测量电流的大小，再正确选择万用表的插孔

图 3.10 直流电流的测量

端子。

注意事项：

1）使用万用表测量电流时，需要先确认熔丝是否正常。

2）使用万用表测量电流时，严禁将万用表并联接入电路，应确保万用表串联在电路中。

3）禁止使用万用表测量电流超过 10A 的电路。

引导问题 7：万用表的通断档怎么使用？

通断档又称为蜂鸣档，一般会配合蜂鸣器和 LED 灯，蜂鸣器发出响声或 LED 灯亮，表示线路是导通的。

一般定义的是 80Ω 及以下为导通，否则为不导通。也就是说，将万用表的红黑两个表笔接在一个线路两侧，如果这条线路的电阻低于 80Ω，则万用表发出响声，并认为此条线路是导通的。

如图 3.11 所示，在使用通断档测量 30.4Ω 电阻时蜂鸣器发出响声且 LED 灯亮。

注意事项：一定要在断电后测量电阻或导通性。带电设备测通断都不能用万用表的通断档。

因为根据通断档的测量原理，如果表笔接在电源上，尤其是接高压时，触发电阻两端的电压就会很大，严重时会烧坏万用表主板甚至损坏电池。

图 3.11 通断档测量

【任务分组】

班级		组号		指导教师	
组长		组员			
任务分工	1. 负责通过台架上的故障设置开关设置故障，造成线路断路 2. 负责在台架上找到面板上传感器或执行器的测量端进行电压的测量 3. 负责测量台架熔断器、继电器电阻 4. 通过万用表串联测量蓄电池的输出电流（发动机 ON 档静态测量）				

【工作实施】

本任务包含电压、电阻、电流的测量，为保障该项目的可操作性及安全性，实训老师必须课前进行测量确认。

引导问题 1：实训前的准备工作。

潍柴运行台架 5 台、万用表 5 块、拆装工具 5 套等。

引导问题 2：维修人员自查安全防护是否到位，是否穿工装、劳保鞋等。

引导问题 3：你所测量的传感器供电端电压测量值是多少？

引导问题 4：熔断器的测量步骤及标准。

引导问题 5：继电器的测量步骤及标准。

引导问题 6：通过万用表串联测量蓄电池的输出电流（发动机 ON 档静态测量）是多少？正常值是多少？

【评价反馈】

检查评估	维修资料、工具、设备的正确使用	A	B	C	D
	操作规范和任务完成情况	A	B	C	D
	任务工单填写	A	B	C	D
	纪律和回答现场提问	A	B	C	D
	团队合作	A	B	C	D
	安全和环保	A	B	C	D
成绩					
评语			教师签字： 日期：		

【单元测试】

1. 红表笔一般接_____，插入 A、mA/μA、Ω/V 插孔。黑表笔一般接_____，只能插入_____插孔。在测量电压时读数出现负值时，说明_____。

2. 测量电阻时，应首先确认_____。

3. 0.00Ω 表示测量的电阻是_____；OL 表示测量的电阻_____。

4. 什么是电压降？

任务 3.3 使用示波器测量波形

【情境描述】

新学员入厂进行技能判定，技术经理考核你对电控柴油发动机常用诊断设备的使用情况。请就车进行示波器的使用。

【学习目标】

1. 能进行示波器的基本操作。
2. 能对模拟信号和数字信号做基本的判断。
3. 能根据环保要求，正确处理对环境和人体有害的辅料、废气、废液和已损坏的零部件。

【获取信息】

在车辆维修诊断过程中，使用万用表可以进行一些简单的"静态量"的测量，例如电压、电阻等，如果测量的电信号是动态变化的，则万用表不能准确地反映这些变化。示波器在解决一些电器元件性能故障、干扰故障、偶发性故障等疑难性故障时，比万用表更加直观、有效。

引导问题 1：示波器有哪些功能？

示波器可以观察电信号的频率、振幅、脉冲宽度等，通过观察和对比信号的波形，来判断线路或元器件的故障。

引导问题 2：常见示波器有哪些种类？

示波器可分为平板示波器（图 3.12）、便携示波器（图 3.13）及台式示波器（图 3.14）等。

图 3.12 平板示波器

图 3.13 便携示波器

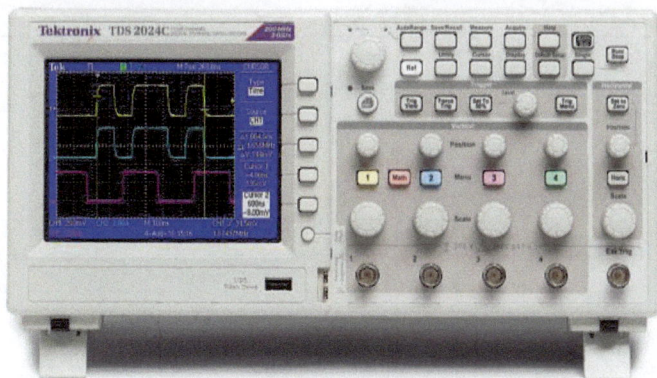

图 3.14 台式示波器

引导问题 3：示波器界面功能键的含义。

爱夫卡 F802 平板示波器是一款汽车专用示波器，它可以实时采集点火、传感器、总线检测、执行器、起动 / 充电的波形，通过对传感器、执行器、点火系统、起动 / 充电电路、CAN/LIN 总线通信网络波形的分析，可以快速地判断车辆故障，为我们分析汽车各传感器、执行器的信号波形和数据流提供了方便。下面我们以爱夫卡 F802 平板示波器进行示波器的讲解，如图 3.15 所示。

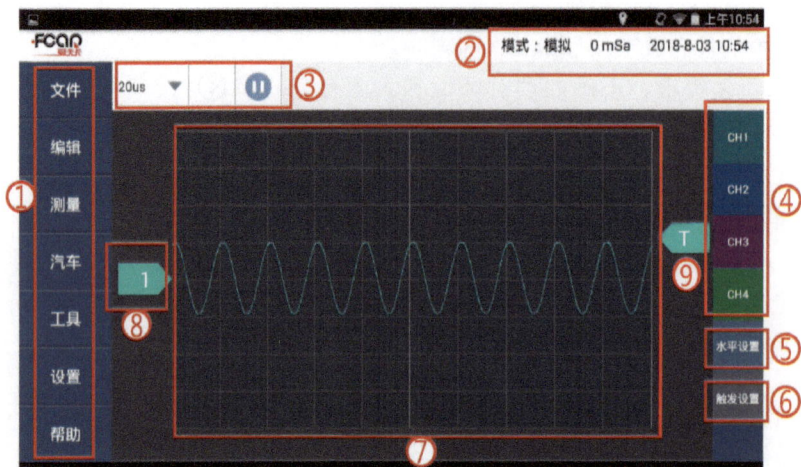

图 3.15 爱夫卡 F802 平板示波器主机界面

除了显示波形，显示区域还集成了许多关于波形的设置和控制设置。

1）菜单栏：菜单栏下拉列表详见表 3.3。

表 3.3 F802 菜单栏下拉列表

文件	保存数据、加载数据、打印、打印预览、退出
编辑	复制为图片、复制为文本、用户信息、车辆信息
测量	增加测量、清除测量
汽车	检测项目包括：点火、传感器、通信网络、执行器、起动 / 充电、清除参考
工具	自校正、频率计 / 读数器、REF、恢复出厂设置
设置	语言（中文、英文、西班牙文）
帮助	用户文档、发送反馈、检查更新、关于

2）系统时间和设备状态信息。

模式 - 连接：设备与平板主机连接成功。

模式 - 模拟：未检测到设备，无通信。

3）工具栏：详见表 3.4。

表 3.4 F802 工具栏列表

功能图标	功能描述
▶	开始运行
⏸	暂停

4）通道 CH1/CH2/CH3/CH4 信息：用户可以关闭 / 打开通道 CH1/CH2/CH3/CH4，也可以设置四个通道垂直电压刻度、耦合方式和探头衰减系数。

5）水平设置：用户可以设置水平时基。

6）触发设置：用户可以设置触发方式、触发源、边沿类型。

7）波形显示区。

8）通道 CH1/CH2/CH3/CH4 垂直电压零电平标志：可直接在波形显示界面拖动调整垂直电压零电平位置。

9）触发电平：对于同一波形，如果触发电平的数值超出波形的最大最小范围时，波形将产生游动，在屏幕上不能稳定。

引导问题 4： 示波器测量波形怎么设置？

1. 通道设置

在通道信息栏里选择通道（CH1 通道、CH2 通道、CH3 通道、CH4 通道）即可打开相应的通道设置面板，如图 3.16 所示。

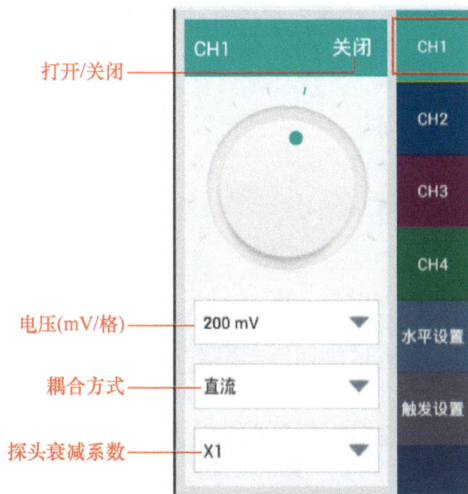

图 3.16 F802 通道设置图

1）打开 / 关闭：打开或关闭通道。

2）电压（mV/ 格）：设置通道垂直电压刻度。

3）耦合方式：选择通道的耦合方式（直流、交流和搭铁），如果将耦合方式设置为交流，将会阻挡输入信号的直流分量。

4）探头衰减系数：选择不同的探头衰减系数，探头衰减系数将改变示波器垂直电压范围。

2. 水平设置

在用户主界面选择【水平设置】展开水平设置面板，如图 3.17 所示。

s/ 大格：设置时基参数（时基参数越大，波形越密；时基参数越小，波形越疏）。

3. 触发设置

触发决定了示波器什么时候开始获取数据和显示波形。如果触发设置得恰当，它可以转换不稳定或没有显示数据的屏幕显示为有意义的波形。如果示波器想获取

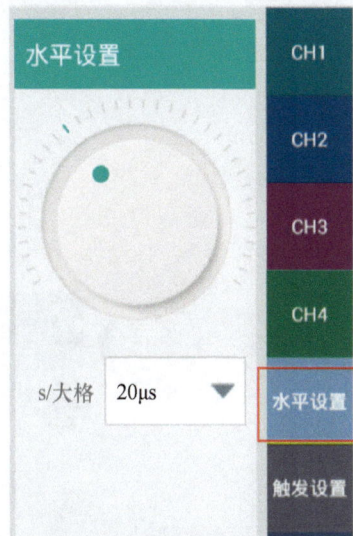

图 3.17 F802 水平设置图

一个波形，必须采集足够量的点才能画出左侧的点。边沿触发决定示波器获取触发点的上升沿或下降沿。

在用户主界面选择【触发设置】展开触发设置面板，如图 3.18 所示。

1）触发方式。

可选择触发方式为自动、正常、单次。

自动：是指在没有触发条件下获取波形数据。

正常：在有触发的情况下获取波形数据。

单次：在有触发的情况下获取波形数据并且停止采集。

注意事项：若捕捉一个单次信号，首先需要对此信号有一定的经验知识，才能设置触发电平和触发沿；如果脉冲是一个 TTL 电平的逻辑信号，触发电平应该设置成2V，触发沿设置为上升沿触发；如果对信号的情况不确定，可以通过自动或正常的触发方式进行观察，以确保触发沿和触发电平在合理的范围内。

图 3.18　触发设置图

2）触发源。

通过选择触发源来选择触发条件，触发源可以是连接到示波器的任意信号。

3）边沿类型。

边沿类型分为上升沿或下降沿。

上升沿：上升沿触发。

下降沿：下降沿触发。

引导问题 5：能否以实例展示示波器的使用方法？

下面我们以空气流量传感器测试为例做操作说明，其他检测项目测试方法与之类似。

1.设备连接

1）按照图 3.19 所示连接示波器、主机和电池夹，电池夹连接车辆蓄电池以便给示波器供电。

2）将多用途测试线的 BNC 端连接到示波器的通道 CH1 上（4 个通道都可连接）。

3）将黑色鳄鱼夹与多用途测试线的黑色接口（负极）连接，将绝缘探针与多用途测试线的红色接口（正极）连接（图 3.19）。

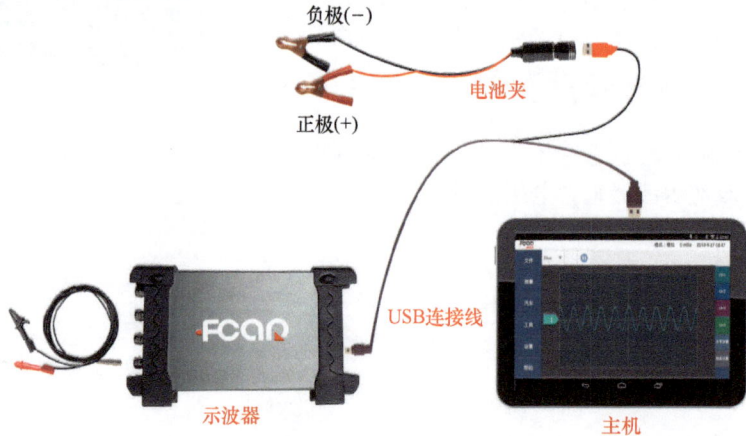

图 3.19　设备连接

4）将黑色鳄鱼夹夹在蓄电池负极或合适的搭铁端，并且将测试探针刺入空气流量传感器输出端子内（图 3.20）。

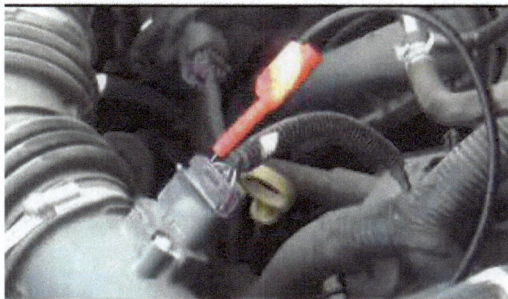

图 3.20　连接空气流量传感器

2. 测试条件

连接设备，起动发动机怠速运转，缓慢加速，观察显示结果。

3. 测试步骤

1）按照以上方法连接好设备，打开爱夫卡主机电源开关，进入测试主界面。

2）在菜单栏选择【汽车】列表下的【传感器】；在传感器窗口中选择【空气流量计】中的【空气流量计（热线式）】，如图 3.21 所示。

3）打开通道 CH1，设置触发源为 CH1，设置 CH1 通道参数、水平设置、触发设置。

4）缓慢调整通道垂直电压刻度（mV/ 格）、水平时基（s / 大格）使信号波形显示在最佳显示状态。

5）从怠速开始测试，缓慢提升发动机转速，同时观察显示结果，如图 3.22 所示。

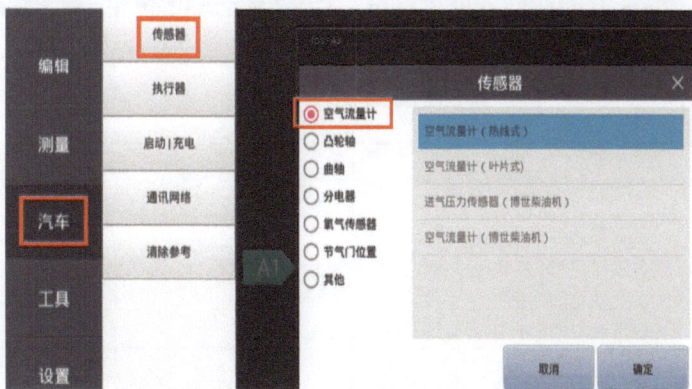

图 3.21　选择测量项目

注意事项：当选择完测量项目后，屏幕上会显示一条静态的参考波形，单击【汽车】列表中的【清除参考】可关闭参考波形。

引导问题 6：示波器诊断探头 ×1 档和 ×10 档代表什么？怎么使用？

一般的示波器诊断探头（图 3.23）上，有一个 ×1 档和 ×10 档选择的小开关。当选择 ×1 档时，信号是没经衰减进入示波器的。而选择 ×10 档时，信号是经过衰减到 1/10 再到示波器的。因此，当使用示波

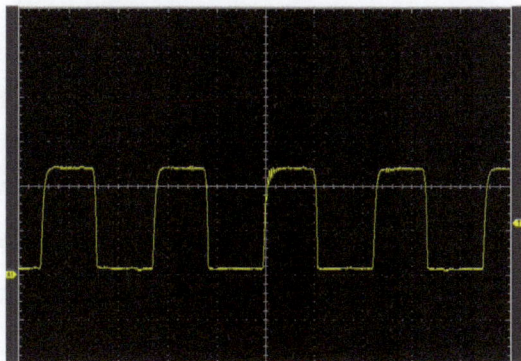

图 3.22　显示波形（怠速 850r/min）

器的 ×10 档时，应该将示波器上的读数扩大 10 倍（有些示波器，在示波器端可选择 ×10 档，以配合探头使用，这样在示波器端也设置为 ×10 档后，直接读数即可）。

当测量较高电压时，可以使用探头的 ×10 档功能，将较高电压衰减后进入示波器。另外，×10 档的输入阻抗比 ×1 档要高得多，所以在测试驱动能力较弱的信号波形时，把探头打到 ×10 档即可。

在不太明确信号电压高低时，也应当先用 ×10 档测一下，确认电压不是过高后再选用正确的量程测量，否则会损坏示波器。

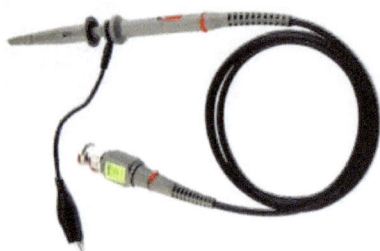

图 3.23　诊断探头

引导问题 7：诊断探头的黑色夹怎么使用？

黑色夹为地线接口，接车辆的搭铁。测试信号时，尽可能使用短的地线（图 3.24），而且搭铁点尽可能靠近被测信号，否则观察到的信号是失真的，信号频率越高，失真越严重，如图 3.25 所示。

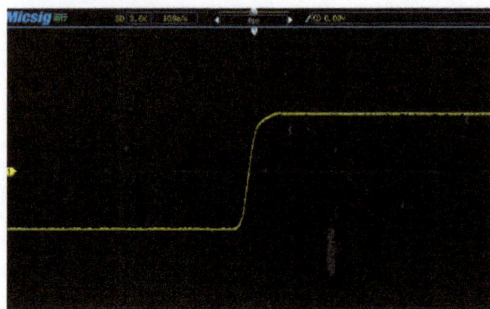

图 3.24　使用短地线测量　　　　图 3.25　使用长地线测量

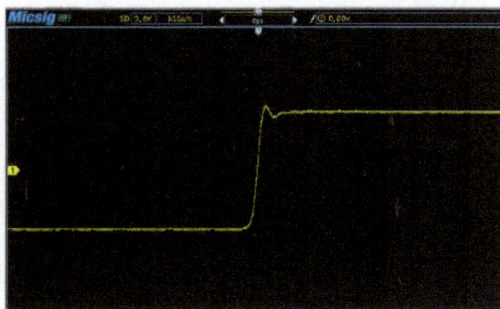

【任务分组】

班级		组号		指导教师	
组长		组员			
任务分工	1. 负责找到台架上 CAN 总线接口 2. 负责对 CAN 总线接口进行波形测量 3. 负责找到加速踏板位置传感器信号线测量口 4. 负责对加速踏板位置传感器接口进行波形测量				

【工作实施】

本任务包含示波器的使用及模拟信号、数字信号的测量，为保障该项目的可操作性及安全性，实训指导教师必须课前进行测量确认。

引导问题 1：实训前的准备工作。

潍柴运行台架 5 台、示波器 5 台、连接线 5 根等。

引导问题 2：维修人员自查安全防护是否到位，是否穿工装、劳保鞋等。

引导问题 3：你所使用的台架 CAN 接口有几个？分别代表的含义？

引导问题 4：请画出你所测量的一组 CAN 线图形（请在图形上标明幅值）。

引导问题 5：你所使用的台架加速踏板传感器有几个信号线接口？它们的区别是什么？

引导问题 6：通过踩加速踏板，改变传感器所检测的位置，请画出你所测量的波形（请在图形上标明幅值）。

【评价反馈】

检查评估	维修资料、工具、设备的正确使用	A	B	C	D
	操作规范和任务完成情况	A	B	C	D
	任务工单填写	A	B	C	D
	纪律和回答现场提问	A	B	C	D
	团队合作	A	B	C	D
	安全和环保	A	B	C	D
成绩					
评语				教师签字： 日期：	

【单元测试】

1. 示波器可以观察电信号的_____、_____、外观、脉冲宽度等，通过观察和对比信号的波形，来判断线路或元器件的故障。

2. 示波器选择探头衰减系数，探头衰减系数将改变示波器_____。

3. 示波器诊断探头 ×1 档和 ×10 档代表什么？怎么使用？

任务 3.4　诊断仪的使用

【情境描述】

新学员入厂进行技能判定，技术经理考核你对电控柴油发动机常用诊断设备的使用情况。请就车进行汽车故障诊断仪的使用并读取故障码及数据流。

【学习目标】

1. 能进行汽车故障诊断仪的基本操作。

2. 能进行故障码及数据流的读取。

3.能根据环保要求，正确处理对环境和人体有害的辅料、废气、废液和已损坏的零部件。

【获取信息】

在分析车辆电气类故障时，依据维修手册中的基本诊断策略，可使用诊断仪读取车辆的基本信息、故障码、数据流等，还可以执行测试控制功能、对模块进行编程等。

爱夫卡 E800 故障诊断仪是依据国家 863 计划重点研发推出的针对汽油、柴油、天然气等电控系统检测诊断的综合型汽车电脑故障诊断仪，适用于大中小型汽车维修企业、培训机构、整车生产厂家、维修服务站、柴油机生产厂家、矿山机械、石油化工能源型企业等。

汽车故障诊断仪的操作方法基本一致，本文将以爱夫卡 E800 为例讲解汽车故障诊断仪的使用方法。

引导问题 1：什么是汽车故障诊断仪？

当系统存在故障时，控制单元将故障码存储在记忆芯片上。使用汽车故障诊断检测仪能快速地读取故障码和数据流，并且还可以对执行元件进行动作测试。汽车故障诊断仪强大的功能对现代汽车维修诊断技术具有很大的帮助，弥补了人工诊断的不足。

引导问题 2：汽车故障诊断仪的分类。

现在市场上有多种类型的汽车故障电脑诊断仪，但是从用途上可以区分为专用型和通用型。

专用型是针对某一特定厂家开发的诊断仪，即原厂诊断仪，例如潍柴的智多星等。

通用型目前市场上以国产为主，比较知名的有爱夫卡 E800、共轨之家诊断能手等，提供的功能大同小异，可针对不同车型进行检测。

引导问题 3：汽车故障诊断仪有哪些功能？

汽车故障诊断仪的功能包括：读取故障码、读取发动机型号、读取电脑版本信息、读取 QR 码、读取系统参数号、读取数据流、清除故障码、写入 QR 码、元件测试、断缸测试、压缩测试、喷油器测试、维修帮助、在线学习等操作功能。

引导问题 4：E800 主机与 VCI 盒子怎么连接？

将 VCI 盒子通过主测试线、诊断插头连接在需要诊断的车辆上，如图 3.26 所示。

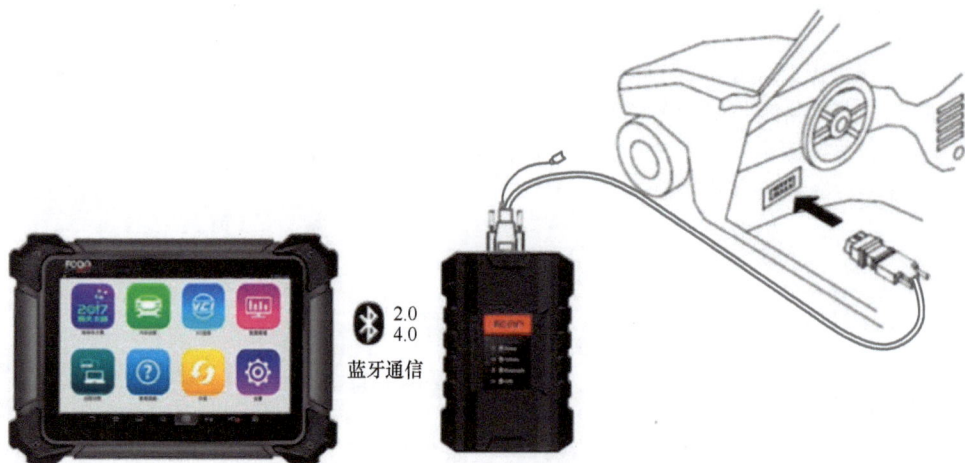

图 3.26　E800 连接方法

开启主机，进入【设置】-【VCI 连接】，可以通过蓝牙或 USB 数据线进行连接：

1.通过蓝牙连接主机和 VCI 盒

1）出厂会默认配对，使用时会自动连接，如果 VCI 指示灯没有连接，则单击"开始搜索",如图 3.27 所示。

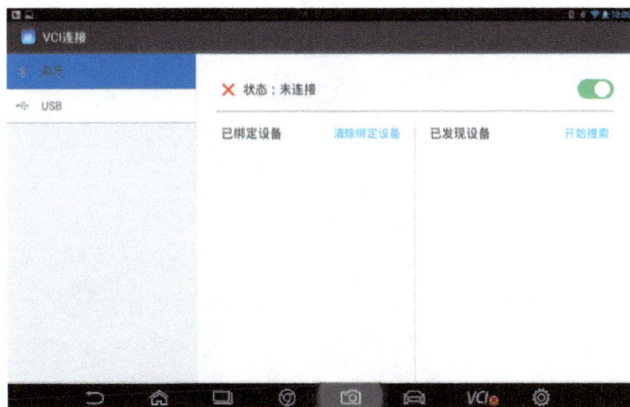

图 3.27　主机搜索界面

2）稍等片刻,即可搜索到已连接上车辆的 VCI 盒的 ID 号,点击"连接"即可配对,如图 3.28 所示。

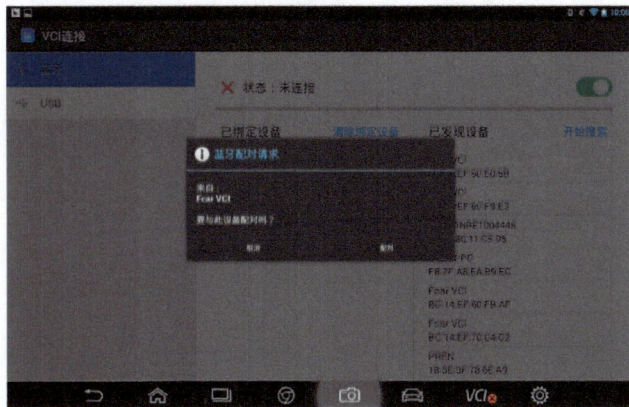

图 3.28　选择 ID 点击配对界面

3）单击"配对",如图 3.29 所示。

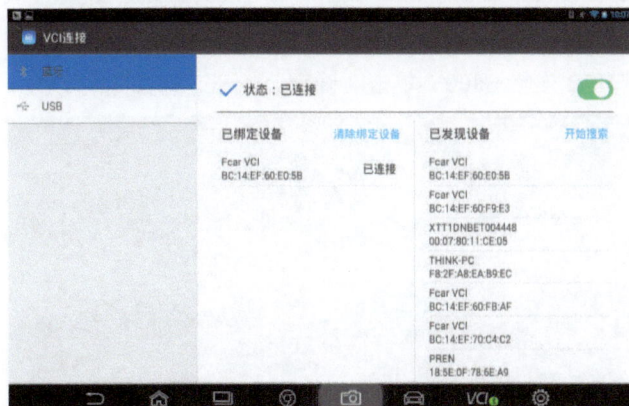

图 3.29　配对成功界面

4）配对成功后,主机 VCI 蓝牙灯点亮,VCI 盒上 Bluetooth 指示灯也会点亮(图 3.30),说明连接成功。下次使用时会自动配对,不需要再次设置。

图 3.30　VCI 盒上 Bluetooth 指示灯点亮

2. 通过 USB 数据线连接主机和 VCI 盒

1）选择 USB，如图 3.31 所示。

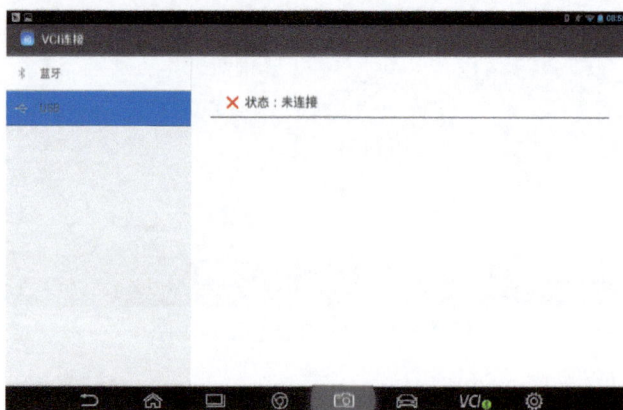

图 3.31　USB 连接界面

2）提示是否用 USB 连接 E800，单击"确定"按钮，如图 3.32 所示。

图 3.32　确认 USB 连接界面

3）VCI 盒上的 USB 指示灯（绿灯）点亮，说明连接成功，如图 3.33 所示。

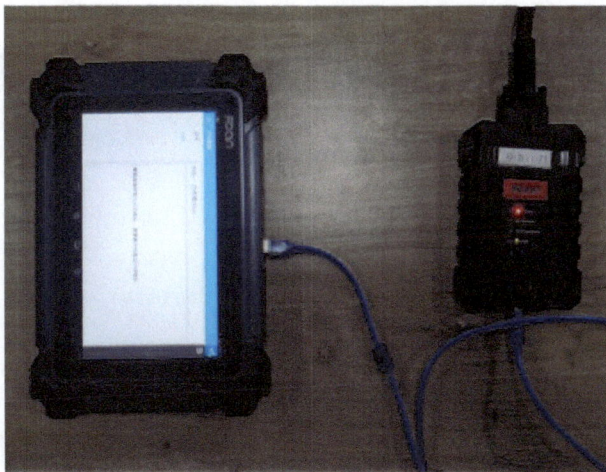

图 3.33　USB 数据线连接方式

引导问题 5：E800 怎么进入系统？

下面以柴油机版菜单为例进行介绍，以博世电控系统为例：

1）打开【诊断】菜单，选择上方【电控系统】，如图 3.34 所示。

图 3.34　电控系统选择界面

2）选择软件版本，如图 3.35 所示。

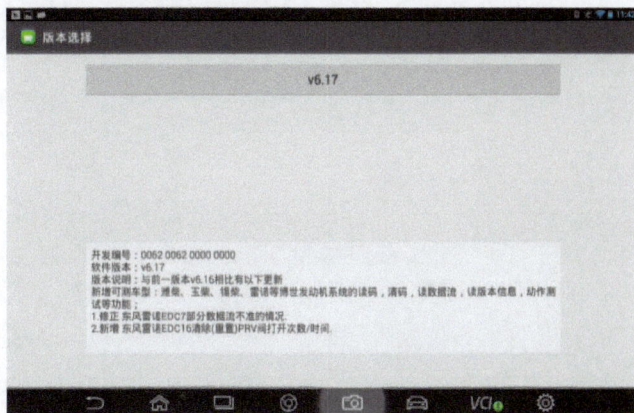

图 3.35　软件版本选择

3）由于博世系统可以自动侦测，选择【博世系统自识别】，也可直接找到对应的发动机厂家，如图 3.36 所示。

图 3.36　博世系统自识别

4）选择【博世国 IV 系统自识别】，如图 3.37 所示。

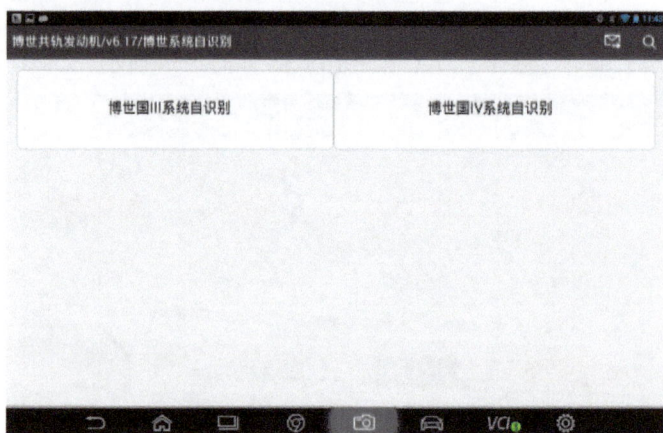

图 3.37　选择发动机排放标准

5）诊断进行中，请等待，如图 3.38 所示。一般只需几秒，其间不要对诊断设备进行其他操作。

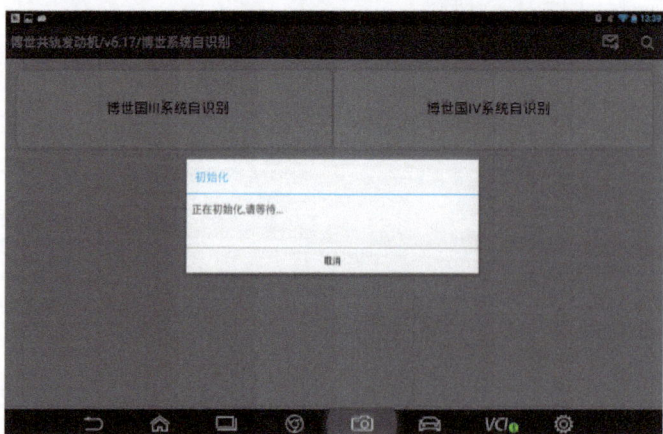

图 3.38　进入系统前等待

6）进入博世 EDC17CV44/CV54 国 IV 系统，如图 3.39 所示。

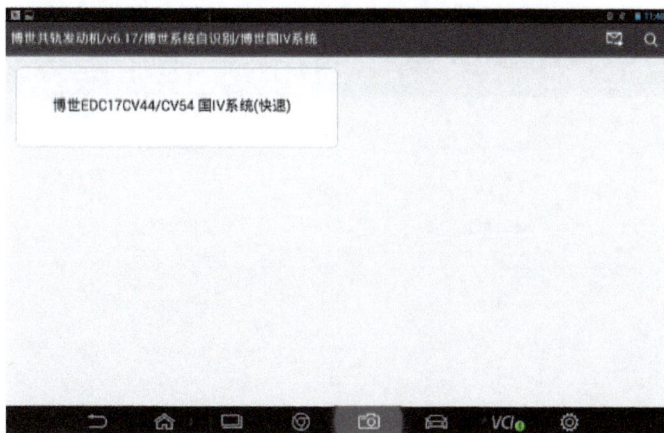

图 3.39　进入系统的界面

7）识别出是中国重汽 P1158 EDC17CV44+SCR 版本，选择中国重汽 P1158 EDC17CV44+SCR_K，点击进入（该选择与所连的 OBD 接口有关，详见任务 3.5：OBD 接口数据检测），如图 3.40 所示。

图 3.40　自识别 ECU 版本

8）单击"开始诊断"，如图 3.41 所示。

图 3.41　进入诊断界面

9）进入 ECU 程序（图 3.42），可以看到读版本信息、读取故障码、清除故障码、读取数据流、动作测试、特殊功能等功能。

图 3.42　进入 ECU 程序

10）功能－读版本信息，如图 3.43 所示。

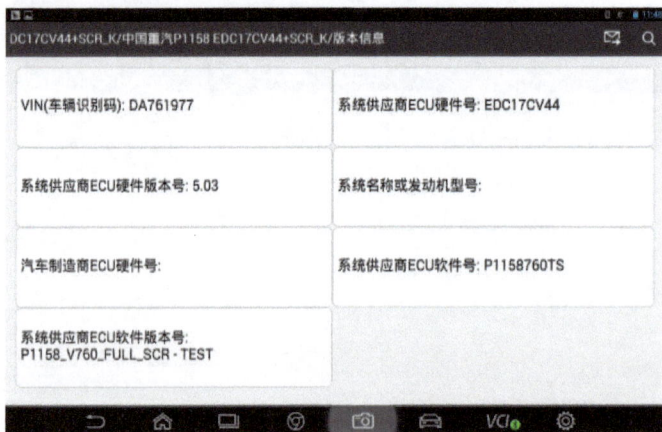

图 3.43　读版本信息

11）单击左下方"返回"按键，可选择进入其他界面，例如读取数据流，如图 3.44 所示。

图 3.44　读取数据流部分界面

12）功能－动作测试，如图 3.45 所示。

图 3.45 动作测试界面

13）功能－特殊功能，如图 3.46 所示。

图 3.46 特殊功能界面

引导问题 6：E800 怎么升级与激活？
E800 需要定期对产品进行升级与激活。
1）打开【升级】，如图 3.47 所示。

图 3.47 开机主界面

2）检测是否有新车型版本需要升级，如图 3.48 所示。

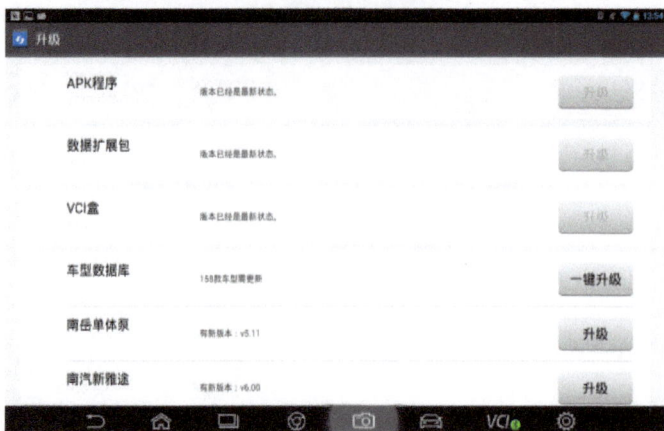

图 3.48　升级界面

3）依次升级有新版本的项目，单击"升级"即可。

【任务分组】

班级		组号		指导教师	
组长		组员			
任务分工	1. 负责 E800 主机与 VCI 盒子的连接 2. 负责完成读取故障码及数据流 3. 负责元件动作测试及传感器波形测试				

【工作实施】

本任务用故障诊断仪完成读取故障码、清除故障码、读取数据流、元件动作测试、传感器波形测试等。

引导问题 1：实训前的准备工作。

潍柴 WP10 运行台架 5 台、诊断仪 5 台、万用表 5 块、维修手册 5 本等。

引导问题 2：维修人员自查安全防护是否到位，是否穿工装、劳保鞋等。

引导问题 3：你使用的诊断设备类型是什么？怎么连接？

引导问题 4：诊断设备连接好后为什么需要将钥匙打至 ON 档？

引导问题 5：你使用的设备进系统的方式有哪几种？请说明它们的路径。

引导问题 6：诊断故障前，为什么不能清除故障码后再读取故障码？

引导问题 7：故障码分为历史故障和当前故障，它们的区别是什么？

引导问题 8：你使用的诊断仪动作测试有哪些项目？

引导问题 9：你使用的诊断仪还有哪些特殊功能？

【评价反馈】

检查评估	维修资料、工具、设备的正确使用	A	B	C	D
	操作规范和任务完成情况	A	B	C	D
	任务工单填写	A	B	C	D
	纪律和回答现场提问	A	B	C	D
	团队合作	A	B	C	D
	安全和环保	A	B	C	D
成绩					
评语			教师签字： 日期：		

【单元测试】

1.诊断仪可读取车辆的基本信息、_____、_____等，还可以执行测试控制功能、对模块进行编程等。

2.当系统存在故障时，_____将故障码存储在记忆芯片上。

3._____是针对某一特定厂家开发的诊断仪，即原厂诊断仪。

4.打开 E800 主机，进入【设置】-【VCI 连接】，可以通过_____和_____两种方式进行连接。

任务 3.5   OBD 接口数据检测

【情境描述】

新学员入厂进行技能判定，技术经理考核你对电控柴油发动机常用诊断设备的综合使用情况。请就车使用万用表、示波器及诊断仪进行 OBD 接口数据检测。

【学习目标】

1. 认知 OBD。

2. 能使用万用表、示波器及诊断仪进行 OBD 接口数据检测。

3. 能根据环保要求，正确处理对环境和人体有害的辅料、废气、废液和已损坏的零部件。

【获取信息】

为了满足日趋严格的排放法规和进一步提高柴油机的经济性、动力性的要求，发动机电控系统的结构越来越复杂。当发生故障时，判断故障发生原因以及发现故障的部位也越来越困难。

电控发动机的故障自诊断系统就是在这种背景下孕育而生的，故障自诊断系统的主要作用是通过对发动机运行状态的实时监测。在发生故障的时候，不仅能以闪亮故障灯的形式来告知驾驶人，存储相应的故障码和其他故障信息，以方便维修人员进行维修，而且还会自动进入预先设置好的故障运行模式。

引导问题 1：什么是汽车 OBD？

随车诊断（On Board Diagnostics，OBD）系统是集成在 ECU 内部的具有诊断功能的系统，该系统重点监测发动机排放故障，保证发动机达到排放法规的要求。

OBD 系统基本功能有：

1）检测发动机微机控制系统的故障或与排放有关的故障，将故障信息以故障码的形式存储在发动机控制模块的随机存储器（RAM）内。

2）点亮仪表板上的故障指示灯，通知驾驶人及时维修车辆；提供故障码、数据流等诊断信息，以便快速查找故障。

3）当传感器或其电路发生故障时，自动启动失效保护功能：一些故障可能还会造成"降功率"（限扭）运行，更严重的故障还会造成"限车速"（爬行）运行。

OBD 系统是政府强制执行的标准：

1）主动监测并测试与排放相关的部件和系统，以发现对排放产生不利影响的故障。

2）监控几乎所有与排放相关部件的控制系统。

引导问题 2：国六 OBD 的工作原理是什么？

OBD 实时监测发动机、催化转化器、颗粒捕集器、氧传感器、排放控制系统、燃油系统、EGR 等系统和部件。然后通过与排放有关的部件信息连接到 ECU（电控单元，它能检测、分析与排放相关的故障）。

若某传感器输入 ECU 的信号超出正常范围，或在一定时间 ECU 收不到该传感器信号，或该传感器输入 ECU 的信号在一定时间内不发生变化，自诊断系统均判定为"故障信号"。

若故障信号持续出现超过一定时间或多次出现判定有故障，并将此故障以故障码的形式输入 ECU 的存储器中。这时候发动机控制电脑控制故障指示灯发亮，此来警告驾驶人。此外，自诊断系统还会根据故障性质自动启动失效保护系统或应急备用系统等。

ECU 判断出的故障，只能提供故障的性质和范围，如冷却液温度传感器与 ECU 间配线断路时，冷却液温度传感器输出电压信号就会高于 4.8V(正常为 0.1 ~ 4.8V)。这时 ECU 判定和输出的故障信息为冷却液温度传感器发生故障。最后确定是传感器、执行器或相应配线的故障，还应进一步检查确定。

引导问题 3： 什么是 OBD-II 故障自诊断系统？

OBD 由美国汽车工程师学会（SAE）提出，经美国环境保护署（EPA）和加利福尼亚州空气资源委员会（CARB）认证通过的随车诊断系统。1994 年以后，主要汽车制造厂家生产的电控汽车逐步开始采用第二代随车诊断系统。

故障自诊断系统由传感器监测电路、执行器监测电路、软件程序、故障诊断通信接口（Trouble Diagnostic Communication Link，TDCL）以及故障指示灯电路组成。

引导问题 4： 什么是故障诊断通信接口 TDCL？

OBD-II 第二代随车诊断系统的诊断接口采用统一的国际标准，并统一安装在仪表板下方。诊断接口端子如图 3.49 所示，功用见表 3.5。

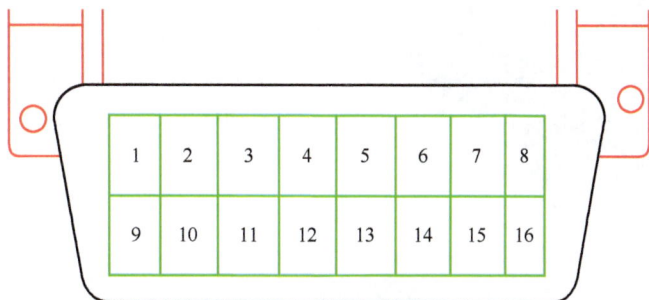

图 3.49　诊断接口端子

表 3.5　OBD-II 诊断接口端子功用表

端子	功用	端子	功用
1	生产厂家自行设定	8	生产厂家自行设定
2	总线正极（BUS＋）	9	生产厂家自行设定
3	生产厂家自行设定	10	总线负极（BUS-）
4	底盘搭铁	11 ~ 14	生产厂家自行设定
5	信号搭铁	15	L 线
6	生产厂家自行设定	16	蓄电池正极
7	K 线		

我国柴油发动机 OBD 接口定义按实车登记，不同车型有所区别，例如通信 CAN 接口见表 3.6。

表 3.6　常见车型 CAN 节点通信在 OBD 接口的位置

陕汽	01-09	欧曼	03-11	东风	06-14
江淮	01-09	解放	03-11	华凌	06-14
三一重工	01-09	大运	03-11	重汽	11-12

诊断仪一般都具有 OBD 节点扫描功能，能正常进行区分。

引导问题 5： 在进行车辆诊断时，经常会遇到车辆诊断座被人为损坏、改装或者被接错时，会造成使用合适的诊断插头也无法连接的状况，该如何解决？

遇到诊断座本身故障时，可以利用插头进行跳线连接，如图 3.50 所示。

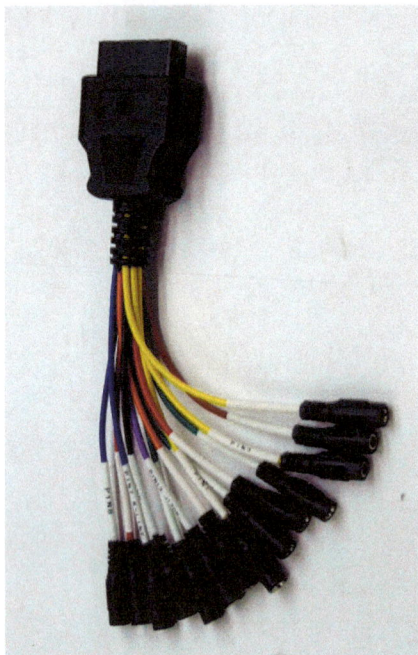

名称	OBD－Ⅱ	颜色
VCC+	16	红
Ignite+	16	红
GND−	4+5	黑
PIN6 CAN-H	6	黄
PIN7 K−LINE	7	蓝
PIN12 J1708+	12	棕
PIN13 J1708−	13	紫
PIN14 CAN-L	14	绿
PIN15 L−LINE	15	橙
PIN1	1	黄
PIN9	9	绿
PIN8	8	蓝
PIN3	3	黄
PIN11	11	绿

图 3.50　爱夫卡跳线插头

引导问题 6：如何确认诊断座信号线?

确认诊断座信号特征，一般有两个途径：

1）由原理图知道诊断端子信号关系。

2）根据万用表检测诊断端子的信号电压来判断，见表 3.7。

表 3.7　跳线测试信号电压表

序号	测试对象	通信线	汽车诊断座端子参考电压	备注
1	CAN 系统	CAN-H	2.5～3.5V	
		CAN-L	1.5～2.5V	
2	J1708 系统	J1708-A	3～5V	
		J1708-B	0～2V	
3	K-LINE 系统（大部分博世、道依茨、锡柴、电装、德尔福等）	K-LINE	12V 系统：11～11.4V	K-LINE 是单线通信
			24V 系统：23.4～22V	

引导问题 7：发动机故障指示灯在哪种状态下点亮才表明有故障码?

发动机工作正常时，接通点火开关至"ON"位置，发动机故障指示灯点亮。发动机起动后转速高于 500r/min 时，此灯应熄灭。如果该灯点亮，表明发动机控制系统有故障，需要进行检查与维修。发动机故障指示灯如图 3.51 所示。

引导问题 8：故障码的存储方式有哪些?

存储故障码的 RAM 直接与蓄电池相连，故障码可长期保存，清除故障码必须断开专门的 RAM 连接电路，也可以用断开蓄电池的方法来清除，但这样可能导致 ECU 中其他信息丢失。

故障码存储在 EEPROM 中，即使断开蓄电

图 3.51　发动机故障指示灯

池，故障码仍可保存，清除故障码必须通过故障诊断仪向 ECU 自诊断系统发出消除命令。

引导问题 9：OBD-Ⅱ故障码有何含义？

OBD-Ⅱ故障码采用统一的编制方式及含义，故障码结构如图 3.52 所示。

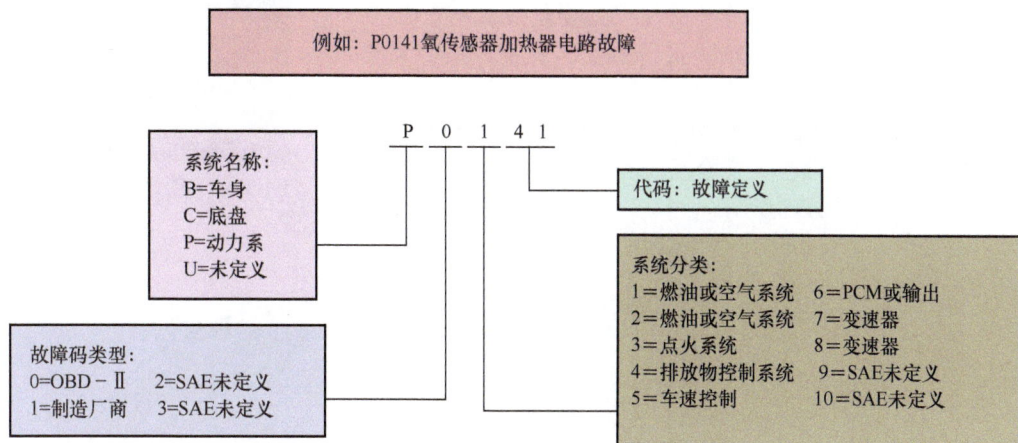

图 3.52　故障码结构

近年来，美国开始制定 OBD-Ⅲ标准，主要目的是减少故障出现与实际维修之间的时间间隔，以进一步控制在用车的排放污染。具体做法是在 OBD-Ⅱ的基础上增加电子通信和遥感监测的功能，即通过路边的固定式或移动设备实时监测道路上行驶的车辆，一旦发现故障，随即将车辆 VIN、故障码等信息发送给管理中心，并告知车主立即检修。

引导问题 10：国六 OBD 的组成及各自功能，如图 3.53 所示。

1）OBD 报警系统：检查对排放监测系统造成影响的故障，该系统不会造成发动机降功率运行。

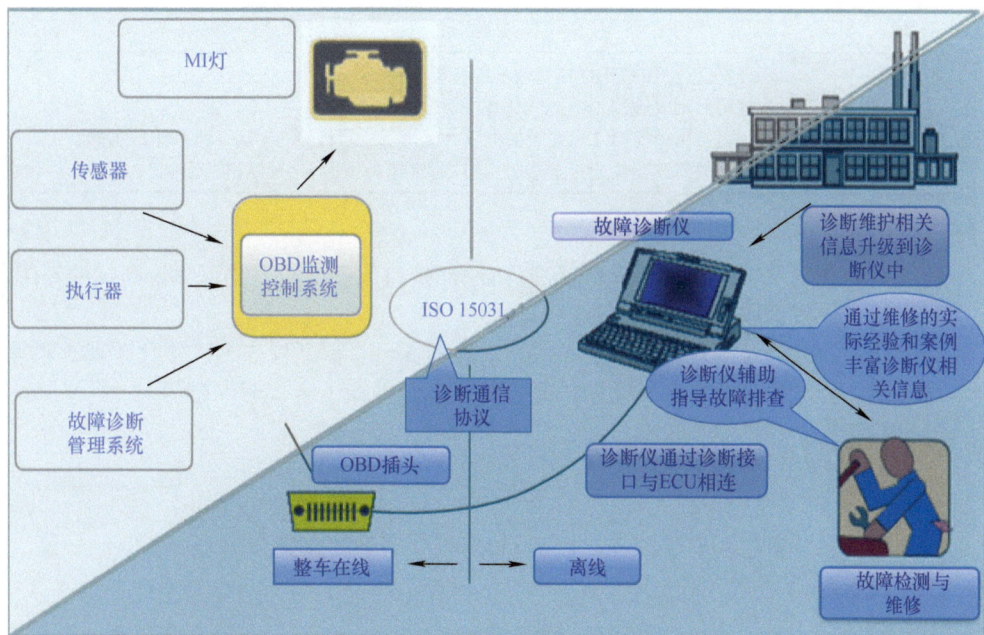

图 3.53　国六 OBD 工作原理图

2）驾驶人报警和驾驶性能限制系统：检测 NO_x 控制系统的故障或被篡改的情况，会导致"降功率"或"限车速"运行。

3）在用监测频率：监测系统在用性能；实际运行时，监测各种诊断运行的频率。

4）通信：整车交互，车载终端与远程监控系统交互。

引导问题 11：国六 OBD 报警系统和驾驶人报警系统的关系。

驾驶人报警系统的一些功能与 OBD 报警系统相交，因此一些故障可能点亮驾驶人报警系统警告灯（DWL）以及 MIL 灯，如图 3.54、图 3.55 所示。

图 3.54　驾驶人警告指示灯

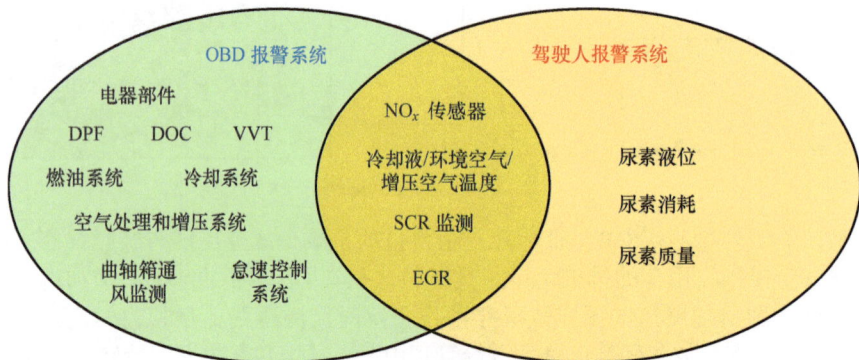

图 3.55　国六 OBD 报警系统和驾驶人报警系统的关系图

【任务分组】

班级		组号		指导教师	
组长		组员			
任务分工	1. 负责分析已连接的 OBD 接口端子的含义 2. 负责运用万用表检测 16 号端子的电压 3. 负责运用万用表检测 7 号端子的电压，运用示波器检测 2、7、10 号端子的波形 4. 负责运用故障诊断仪连接至 OBD 接口后选择 K 线及 CAN 线进入系统				

【工作实施】

本任务运用万用表、示波器及诊断仪进行 OBD 接口数据检测，并强化诊断仪的使用。

引导问题 1：实训前的准备工作。

潍柴 WP10 运行台架 5 台、万用表 5 块、示波器 5 台、诊断仪 5 台、维修手册 5 本等。

引导问题 2：维修人员自查安全防护是否到位，是否穿工装、劳保鞋等。

引导问题 3：分析您所使用的已连接的 OBD 接口端子的含义。

引导问题 4: 运用万用表检测 16 号端子的电压的步骤及检测数据。

引导问题 5: 运用万用表检测 7 号端子的电压,运用示波器检测 2、7、10 号端子的波形,并记录。

引导问题 6: 故障诊断仪连接至 OBD 接口后选择 K 线及 CAN 线进入系统的步骤?

【评价反馈】

检查评估	维修资料、工具、设备的正确使用	A	B	C	D
	操作规范和任务完成情况	A	B	C	D
	任务工单填写	A	B	C	D
	纪律和回答现场提问	A	B	C	D
	团队合作	A	B	C	D
	安全和环保	A	B	C	D
成绩					
评语			教师签字: 日期:		

【单元测试】

1. OBD 重点监测_____,保证发动机达到排放法规的要求。

2. 若某传感器输入 ECU 的信号超出正常范围,或在一定时间 ECU 收不到该传感器信号,或该传感器输入 ECU 的信号在一定时间内不发生变化,自诊断系统均判定为"_____"。

3. 自诊断系统还会根据故障性质自动启动_____或_____等。

4. OBD-Ⅱ第二代随车诊断系统的诊断接口采用统一的国际标准,由____端子组成。

5. 驾驶人报警系统的一些功能与 OBD 报警系统相交,因此一些故障可能点亮_____以及_____。

项目四

共轨式柴油喷射系统信号输入

4

项目导读

项目描述	作为未来的专业维修技师，将对共轨式柴油喷射系统信号输入进行系统性学习。通过本项目 6 个典型工作任务的训练，将学会各类传感器的功能及检修，并提升团队协作能力和安全环保意识
项目任务	任务 4.1 开关传感器故障检修 任务 4.2 温度传感器故障检修 任务 4.3 压力传感器故障检修 任务 4.4 空气流量传感器故障检修 任务 4.5 磁电式转速传感器故障检修 任务 4.6 霍尔式转速传感器故障检修

近年来，柴油机的排放性能得到显著提高。在欧洲，轿车采用柴油机已成主流。电控共轨柴油机的静音效果和驱动性能尤为突出。

迄今为止，提高电控共轨柴油机喷射压力的研究开发一直在不断进行着，目前电控共轨柴油机的最高喷射压力已达到 160 ~ 180MPa。并且，随着更深入的研究，今后应该向 200 ~ 250MPa 高压喷射的实用化方向发展。

与喷射的高压化同时获得改进的是喷射过程的高度控制技术，即在一个循环中进行"预喷""前喷""主喷""副喷""后喷"共计 5 次喷射，这些都是以降低发动机噪声、排气净化为目的的。

由最初的预喷和主喷前的前喷预先向燃烧室内喷射少量燃料，以此为火源尽快使紧随其后的主喷着火，以免产生着火延迟。

在实际运行中，按上述喷射顺序使燃油扩散燃烧时，也可避免大量的燃油一次性全部燃烧，可降低燃烧噪声，同时也降低了燃烧温度，可使 NO_x 的排放得以降低。

副喷使后半阶段的燃烧变得活跃，其目的是降低 PM 的生成。

最后的后喷是为了向 DPF 及 NO_x 还原催化器提供燃料，以燃烧在 DPF 蓄积的炭烟以及还原 NO_x。

目前世界上比较典型的共轨系统有德国 ROBERT BOSCH 的高压共轨喷油系统（潍柴）；日本 NIPPON DENSO 的 ECD-U2 高压共轨喷油系统（日野、锡柴、上柴）；美国 DELPHI 高压共轨系统（玉柴）。

在目前中国市场上，博世在共轨系统方面所占份额超过 60%。博世共轨系统根据应用范围的不同分为商用车共轨系统 CRSN 和乘用车共轨系统 CRS 两大类。其中 CRSN 是指应用于中重型货车上的系统，主要四大部件包括 CPN2.2（CP3.3）、CRIN、带跛行功能泄压阀的油轨以及电控单元 ECU（EDC7、EDC17）。CRS 是指应用于乘用轿车等上的系统，主要四大部件包括 CP1H（CB18）、CRI、通常不带跛行功能的油轨以及电控单元 ECU（EDC16、EDC17）。

共轨系统（Common Rail System，CRS）将燃油在高压下储存在蓄压器（高压油轨）中，从本质上克服了传统柴油机喷射系统的缺陷，其特性有：

1）喷油压力的产生不依赖于发动机转速与系统喷油量，可根据发动机不同的工况灵活控制喷射压力和油量，从而实现低转速高喷射压力，达到低速高转矩、低排放及优化燃油经济性的目的。

2）通过电子控制单元算出理想的喷油量和喷油时间，再由喷油器精确地喷射，甚至多次喷射。

3）更高的系统压力，更好的排放能力，更低的燃油消耗。

任务 4.1　开关传感器故障检修

【情境描述】

一辆上汽跃进货车，配扬柴 YZ4DA2-40 发动机，故障指示灯常亮，入厂进行维修。技术经理安排你首先确认车辆的基本信息，确认仪表板故障灯是否点亮，连接诊断仪后进行维修。

【学习目标】

1. 能通过与客户交流、查阅相关维修技术资料等方式，获取故障车辆信息。
2. 能利用故障诊断仪进系统并读取故障码。
3. 能根据故障码进行相应的检测并修复。

【获取信息】

引导问题 1：车辆检测前的工作有哪些？

首先确认蓄电池是否正常，再将车辆的电源总开关打开，如图 4.1 所示。然后，将点火钥匙旋至 ON 档，经过 3s 左右的车辆自检后，查看仪表上故障指示灯是否常亮，如图 4.2 所示。

图 4.1　车辆电源总开关

图 4.2　发动机故障指示灯常亮

发现该车仪表气压指针上方发动机故障指示灯常亮，需读取故障码。

引导问题 2：怎么确认发动机的规格？

在发动机上找到铭牌（图 4.3），并记录相关信息。铭牌一般位于发动机上方或正面显眼的位置。

图 4.3　发动机铭牌

引导问题 3：读取故障码。

根据任务 3.4 汽车故障诊断仪的使用，读取故障码信息，如图 4.4 所示。

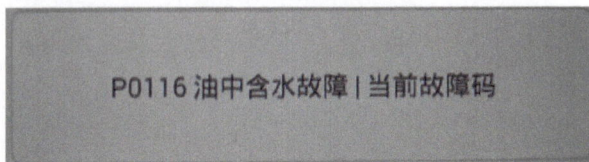

P0116 油中含水故障 | 当前故障码

图 4.4　P0116 故障码

引导问题 4：什么是油水分离器？

油水分离器是根据水和燃油的密度差，利用重力沉降原理去除杂质和水分的分离器，内部还有扩散锥、滤网等分离元件。油水分离器的作用是除去柴油中的水分，以降低喷油器故障，延长发动机的使用寿命。

油水分离器位于粗滤器（图 4.5）下方，是半透明的装置，最低端配有放水螺栓。

油水分离器中的油中有水传感器分为：开关型、电压型两类。在少数车型中标定错误或信号不正确不仅会点亮故障灯还会限矩。

开关型油中有水传感器共有两根线，如图 4.6 所示，一根为供电线，另一根为地线。正常状态下是断开的，水位上升到限制接通。

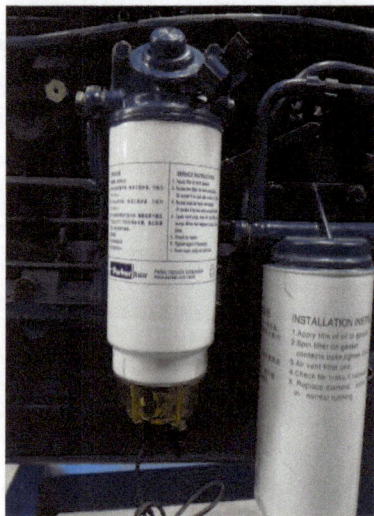

图 4.5　粗滤器

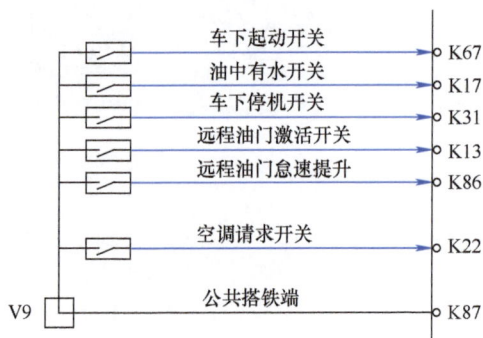

图 4.6　油中有水传感器（开关型）电路图

电压型油中有水传感器共有三根线，如图 4.7 所示。

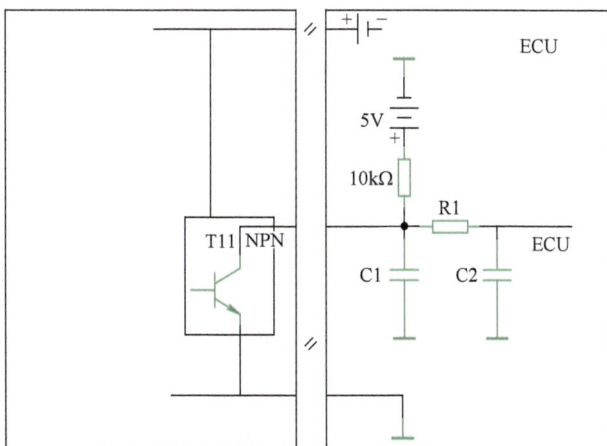

图 4.7　油中有水传感器（电压型）电路图

ECU 内部是上拉 10kΩ 电阻到 5V 的数字输入电路，InputPIN 端子采集油中有水传感器传输的电压值，根据电压值大小判断是否有水。传感器接口电路设计为一个 NPN 型晶体管油中有水传感器输出电压信号，EDC17 要求放入水中时传感器输出低电平（小于 2.09V），放入油中时输出高电平（大于 4.6V）。

引导问题 5：当出现 P0116 油中含水当前故障时怎么办？

1）旋松放水螺栓进行排水，至故障灯熄灭。

2）确认故障码是否由当前故障转变为历史故障，并清除故障码。

3）如果步骤 1）、2）不能解决，我们需对线路进行分析。

引导问题 6：扬柴 YZ4DA2-40 发动机油中有水开关电路实测数值是多少（见表 4.1）？

表 4.1　油中有水开关电路断开实测数值表

测量位置	电压
蓄电池电压	25.3V
K17 信号端	23.2V
K87 搭铁端	0V

【任务分组】

班级		组号		指导教师	
组长		组员			
任务分工	1. 负责在实车上找到发动机铭牌 2. 负责分析发动机铭牌信息的含义 3. 负责进行油水分离器的排水 4. 针对电路图进行故障分析				

【工作实施】

本任务以扬柴 YZ4DA2-40 发动机为例，要求在发动机上找到油中有水开关并做外观检查，查看故障码进行测量及维修。

引导问题 1：通过实车检查，了解待修车辆的信息。

额定功率：

额定转速：

净重：

型号：

出厂日期：

编号：

总成件号：

引导问题 2： 维修人员自查安全防护是否到位，是否穿工装、劳保鞋等。

引导问题 3： 怎么确认油水分离器排水已完成？

引导问题 4： 怎么利用万用表确认油水分离器的好坏？

引导问题 5： 怎么利用万用表确认油水分离器相关线束的好坏？

【评价反馈】

检查评估	维修资料、工具、设备的正确使用	A	B	C	D
	操作规范和任务完成情况	A	B	C	D
	任务工单填写	A	B	C	D
	纪律和回答现场提问	A	B	C	D
	团队合作	A	B	C	D
	安全和环保	A	B	C	D
成绩					
评语			教师签字： 日期：		

【单元测试】

1. 与喷射的高压化同时获得改进的是喷射过程的高度控制技术，即在一个循环中进行_____、_____、_____、_____共计 5 次喷射。

2. 喷射过程的高度控制技术都是以_____、_____为目的。

3. 油水分离器中的油中有水开关（属于开关类传感器），正常情况下开关是____的。

4. 车辆检测前的工作有哪些？

任务 4.2　温度传感器故障检修

【情境描述】

服务站接到一辆陕汽重卡，装用潍柴 WP12 电喷发动机。车主反映：车辆行驶中发动机突然熄火，经诊断仪读取故障为：P0117　发动机冷却液温度信号低于下限。请将车辆修复。技术经理安排你确认故障码，再进行维修。

【学习目标】

1. 能通过与客户交流、查阅维修技术资料等方式获取车辆信息，确认故障现象。
2. 识别温度传感器的类型、工作原理、电路图，并能就车找到传感器。
3. 会制订维修计划，能正确使用诊断工具仪器，会对器件进行测试并正确记录、分析各种检测结果，作出故障判断。
4. 能对温度传感器进行维修更换，并能对发动机进行测试，检查和评估修复质量。

【获取信息】

引导问题 1：共轨式柴油发动机有哪些温度传感器，它们各起到的作用有哪些，见表 4.2 ？

表 4.2　温度传感器及功能表

序号	名称	功能描述
1	增压温度传感器	监测增压温度，调节喷油控制。与增压压力传感器集成在一起
2	机油温度传感器	测量机油温度，用于喷油的修正和发动机的保护
3	冷却液温度传感器	测量冷却液温度。用于冷起动、目标急速计算等。同时，还用于修正喷油提前角、最大功率保护等

引导问题 2：温度传感器的原理是什么？

温度传感器主要用来监测被测对象的温度，温度传感器可将被测对象的温度转换成电压信号，以使电子控制模块能进行与温度相关的控制或与温度有关的控制信号修正。如增压温度传感器、冷却液温传感器等。目前常用的温度传感器为热敏电阻式，又分为正温度系数型（PTC）和负温度系数型（NTC）两种。共轨式柴油喷射系统温度传感器都是负温度系数型。

温度传感器的核心部件是热敏电阻，负温度系数热敏电阻的特性是其阻值随温度上升而减小。

如图 4.8 所示，温度传感器通常有两个端子，一个是信号端子，另一个是参考低电平端子，并且这两个端子都与 ECU 相连接。温度传感器中的热敏电阻与 ECU 内部的分压电阻组

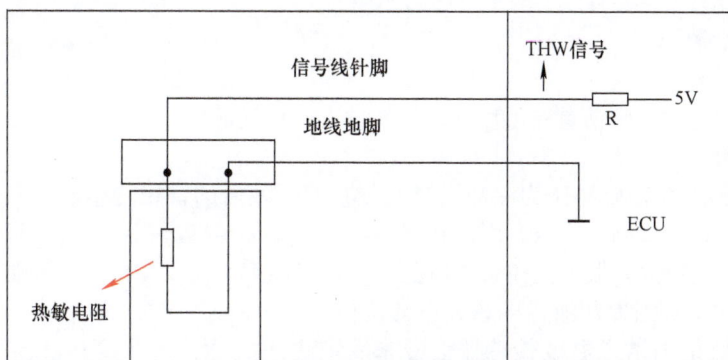

图 4.8　温度传感器原理图

成串联分压电路，ECU 向该分压电路提供一个 5V 的参考电压，温度传感器输入 ECU 的信号电压等于热敏电阻上分得的电压。温度越高，温度传感器电阻越小，信号电压越低；温度越低，温度传感器电阻越大，信号电压越高，如图 4.9 所示。

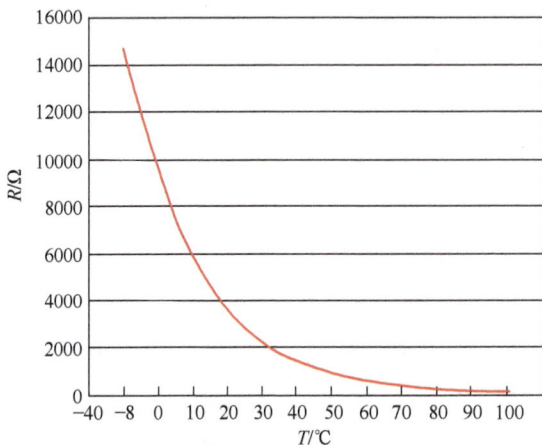

图 4.9　温度传感器电阻与温度的关系

引导问题 3：增压温度传感器的作用。

增压温度传感器用于监测进气管道中的空气温度，并将进气管道中空气的温度转换为相应的电压信号，并输送给 ECU，其安装位置如图 4.10 所示。

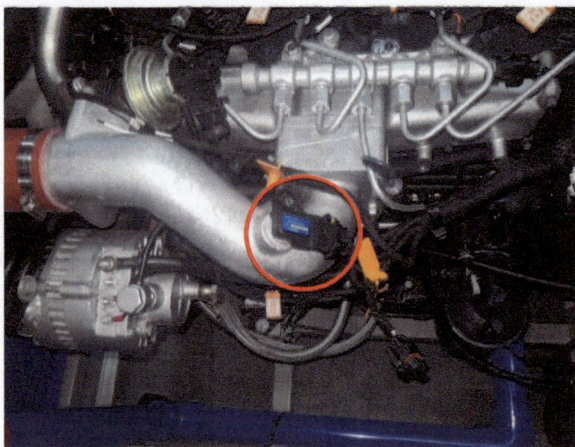

图 4.10　扬柴 YZ4DA2-40 增压温度传感器位置

增压温度传感器主要有以下两个方面的作用：

1. 修正喷油量

由于温度影响空气密度，进气温度直接影响发动机的进气量。温度低，进气量大，氧气含量高，ECU 适当增加喷油量；温度高，进气量小，氧气含量低，ECU 将适当减少喷油量。

2. 其他作用

ECU 把增压温度传感器作为冷却液温度传感器失效后的备用传感器。发动机温度主要由冷却液温度传感器检测，增压温度传感器与冷却液温度传感器相比，冷却液温度传感器信号对喷油量的影响更大。但是，在某些情况下，进气温度影响发动机性能和驱动能力，例如在极寒天气条件下，当冷却液温度达到正常工作温度（93℃）时，进气温度可能是 −30℃，这时发动机需要根据增压温度传感器信号来获取更多燃油，而非冷却液温度传感器唯一信号。

引导问题 4：扬柴 YZ4DA2-40 发动机增压压力温度传感器电路实测数值是多少，电路图如图 4.11 所示。

图 4.11　增压压力温度传感器电路

在环境温度为 28℃时测量，实训数据见表 4.3。

表 4.3　增压温度传感器端子实测数据表

	A27 信号端	5V
增压温度传感器	A42 搭铁端	0V
	传感器电阻	5.61kΩ

引导问题 5：增压温度传感器损坏导致的故障现象有哪些？

增压温度传感器失效会导致发动机油耗高、冒黑烟。如果增压温度传感器失效，会在发动机热机时向 ECU 发送较低的进气温度信号，这会导致发动机混合气过浓，从而导致发动机油耗高，排气管冒黑烟。

如果增压温度传感器出现物理损坏或电路开路，在传感器输出信号 8min 不改变的情况下 ECU 将会存储相关故障码。如果传感器电阻发生漂移，通常不会直接设置故障码，其结果是燃油经济性变差，严重时加速冒黑烟。

引导问题 6：机油温度传感器的作用及故障现象。

测量机油温度，用于喷油的修正和发动机的热保护。当机油温度传感器出现故障时，ECU 按冷却液温度传感器信号替换，存储故障码并点亮故障灯。

扬柴 YZ4DA2-40 无机油温度传感器。数据流显示参考冷却液温度值。

从图 4.12 可知，冷却液温度数据折线图变化时机比机油温度折线图变化快，变化数值不变。

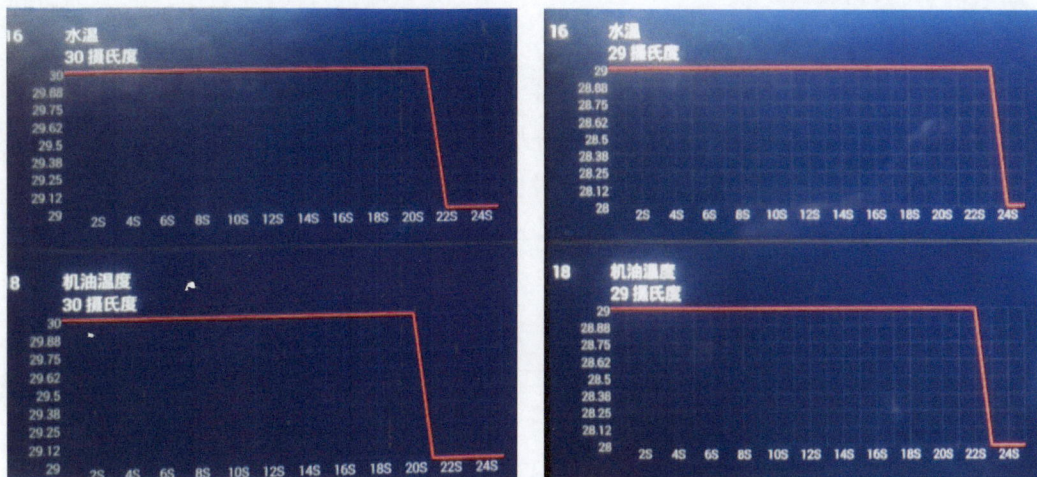

图 4.12　冷却液温度与机油温度折线图

引导问题 7：冷却液温度传感器的作用。

冷却液温度传感器是发动机控制系统非常重要的传感器，如图 4.13 所示，它主要有以下作用：

1. 喷油量控制

在发动机起动时，ECU 根据冷却液温度传感器信号和曲轴位置传感器信号控制起动喷油量及起动后的喷油增量，喷油增量比率在刚起动后最大，然后逐渐减小。

2. 喷油量修正

冷却液温度越低，喷油量越大，保证发动机低温时的运转性能，并实现快速暖机。

图 4.13　冷却液温度传感器位置

3. 冷却风扇控制

ECU 根据冷却液温度控制电动冷却风扇转速。若冷却液温度传感器信号丢失，电动冷却风扇将保持高速运转。

引导问题 8：冷却液温度传感器损坏导致的故障现象有哪些？

通常情况下，冷却液温度传感器损坏或线路断路时，电子风扇常转，ECU 以 −4℃冷却液温度控制喷油，导致发动机油耗高，排气管冒黑烟。ECU 存储故障码并点亮故障灯。

扬柴 YZ4DA2-40 发动机冷却液温度传感器短路时，短时间仪表板不显示故障灯，但是 ECU 存储故障（P003D 冷却液温度传感器电压低于下限值），数据流在 ON 档时以 −25℃报出，如图 4.14 所示，在起动后跳跃至 90℃，且冷却液温度及机油温度联动，如图 4.15 所示。发动机抖动异常。

| 16 | 水温 | −25 摄氏度 |
| 18 | 机油温度 | −25 摄氏度 |

图 4.14　ON 档时冷却液温度及机油温度数据流

| 16 | 水温 | 90 摄氏度 |
| 18 | 机油温度 | 90 摄氏度 |

图 4.15　起动后冷却液温度及机油温度数据流

引导问题 9：扬柴 YZ4DA2-40 发动机冷却液温度传感器电路实测数值是多少，电路图如图 4.16 所示。

图 4.16　冷却液温度传感器电路

扬柴 YZ4DA2-40 发动机冷却液温度传感器在环境温度 28℃时测量的数据见表 4.4。

表 4.4　冷却液温度传感器实测数据表

冷却液温度传感器	A28 信号端	5V
	A29 搭铁端	0V
	传感器电阻	1.92kΩ

【任务分组】

班级		组号		指导教师	
组长		组员			
任务分工	1. 负责在实车上找到车辆 VIN、铭牌并确认车辆的基本信息 2. 负责识别发动机温度类传感器的名称及安装位置 3. 负责分析温度传感器的功能及失效模式				

【工作实施】

本任务以扬柴 YZ4DA2-40 发动机为例，要求在发动机上找到 2 种以上温度传感器并做外观检查，查看故障码及数据流，然后进行测量及维修。

引导问题 1：实训前的准备工作。

扬柴 YZ4DA2-40 发动机运转台架 5 台、诊断仪（E800）5 台、万用表 5 块，拆装工具 5 套，维修手册 5 本等。

引导问题 2：维修人员自查安全防护是否到位，是否穿工装、劳保鞋等。

引导问题 3：通过发动机检查，了解发动机的信息。

额定功率：

额定转速：

净重：

型号：

出厂日期：

编号：

总成件号：

冷却液温度传感器检测作业任务书

1. 故障现象
2. 连接故障诊断仪，故障码为_____，故障码含义_____

检测项目	技术标准、检测记录与结果判断
1. 冷却液温度传感器外观检查	（1）安装位置： （2）外观检查：正常□ 不正常□ （3）导线颜色，电脑针脚号
2. 冷却液温度传感器电压检测	关闭点火开关，断开发动机冷却液温度传感器插接器，打开点火开关 ON 档，测量线束侧插接器的端子 1 和 2 之间的电压。 正常：转到检测项目 3 异常：检测 2 与搭铁之间的电压，是 5V，说明端子 1 导线有断路，没有电压说明端子 2 导线或 ECU 有故障，进一步检测

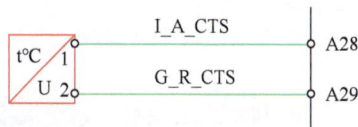

（续）

检测项目	技术标准、检测记录与结果判断
3.冷却液温度传感器电阻检查	断开传感器插接器，测量传感器端子 1 和 2 之间的电阻。 测量值：正常□　　不正常□ 正常：转到检测项目 4 异常：更换
4.检查线束和插接器	断开传感器插接器，断开 ECU 插接器，测量电阻。 （1）断路检查（标准电阻小于 1Ω） B3-1—B31-29（THW） 测量值：正常□　　不正常□ B2-2—B31-28（ETHW） 测量值：正常□　　不正常□ （2）短路检查（电阻 10kΩ 或更大） B3-1 或 B31-29（THW）—搭铁 测量值：正常□　　不正常□ B3-2 或 B31-28（ETHW）—搭铁 测量值：正常□　　不正常□ 正常：结束 异常：修理或更换线束
维修结论	

【评价反馈】

检查评估	维修资料、工具、设备的正确使用	A	B	C	D
	操作规范和任务完成情况	A	B	C	D
	任务工单填写	A	B	C	D
	纪律和回答现场提问	A	B	C	D
	团队合作	A	B	C	D
	安全和环保	A	B	C	D
成绩					
评语		教师签字： 日期：			

【单元测试】

1.共轨式柴油发动机有_____温度传感器、_____温度传感器、_____温度传感器。

2.目前常用的温度传感器为热敏电阻式，又分为_____和_____两种。

3.共轨式柴油喷射系统温度传感器都是_____。

4.增压温度传感器损坏的故障现象是_____、_____。

5.若冷却液温度传感器信号丢失，电动冷却风扇将保持_____。

任务 4.3　压力传感器故障检修

【情境描述】

服务站接到一辆陕汽 X3000，行驶里程 18 万 km。车主反映：发动机怠速不稳，于是送修，维修人员调取到的故障码为 P01D0，增压压力正向偏差高于上限。请借助维修技术资料，修复故障车辆。

【学习目标】

1. 能通过与客户交流、查阅维修技术资料等方式获取车辆信息，确认故障现象。
2. 掌握进气压力传感器、共轨压力传感器的类型、工作原理和标准参数。
3. 能就车找到传感器，并对类别进行判断，能看懂电路图。
4. 能制订维修计划，使用诊断工具仪器，对元器件进行测试并正确记录、分析各种检测结果（电源电压、信号电压与搭铁信号、标准电阻），作出故障判断。
5. 能对传感器进行维修更换，并能对发动机进行测试，检查和评估修复质量。

【获取信息】

引导问题 1：共轨式柴油发动机有哪些压力传感器？它们的功能有哪些（见表 4.5）？

表 4.5　压力传感器及功能表

序号	名称	功能描述
1	机油压力温度传感器	测量机油压力和温度，用于喷油的修正和发动机的保护
2	增压压力传感器	监测进气压力，调节喷油控制，与进气温度集成在一起
3	共轨压力传感器	测量共轨管中的燃油压力，保证油压控制稳定
4	排气压差压力传感器	测量颗粒捕捉装置的压力，提供信号给 ECU 来控制尾气排放
5	大气压力传感器	用于校正控制参数，集成在 ECU 中

引导问题 2：压力传感器的原理。

目前汽车压力传感器根据压敏元件的主流技术主要分为电容式压力传感器和电阻式压力传感器两大类。

陶瓷电容压力传感器采用陶瓷膜片作为压敏元件，陶瓷膜片和陶瓷基体分别制作成电容的两极。

当外界压力作用于陶瓷膜片时，陶瓷膜片发生变形，两极之间的距离发生改变，从而导致电容量改变，再通过特定的调理芯片输出标准的电压信号，如图 4.17 所示。

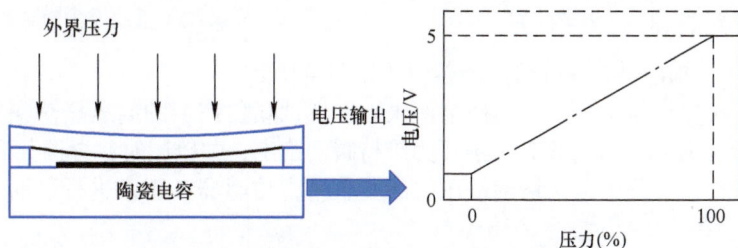

图 4.17　陶瓷电容压力传感器的原理

电阻式压敏元件利用溅射或者微熔玻璃等方式将应变电阻固结在弹性膜片上组成惠斯通电桥。当外界压力作用于弹性膜片时，膜片发生变形，应变电阻的电阻发生改变，从而导致惠斯通电桥改变，再通过特定的 ASIC 调理芯片输出标准的电压信号。

引导问题 3：什么是压阻效应？

单晶体硅材料受到应力作用后，其电阻率发生明显变化的现象，称为压阻效应。

引导问题 4： 两种压力传感器在电控发动机上的主要应用。

电容式压力传感器主要应用于机油压力测量。

电阻式压力传感器主要应用于排气压差压力、歧管压力、轨压等测量。

引导问题 5： 压力传感器有几根线？作用分别是？

压力传感器一般有三根线，供电线、搭铁线与信号线。

如图 4.18 所示，3-A24 为传感器的供电线；4-A44 为传感器的信号线；1-A57 为传感器的搭铁线。

由于机油温度传感器集成在压力传感器内，所以 2-A59 为机油温度传感器的信号线，共用搭铁线。

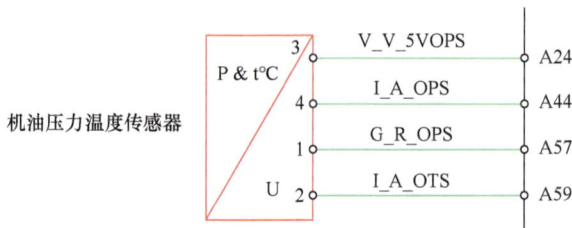

图 4.18　机油压力传感器电路图

引导问题 6： 有没有一根线的压力传感器？

有。例如扬柴 YZ4DA2-40 发动机采用单线制机油压力开关，如图 4.19 所示。

引导问题 7： 机油压力开关怎么检测？

因为机油压力开关与指示灯串联在一起，所以非起动状态接通，仪表板亮灯，如图 4.20 所示。起动后，油压升高，压力开关断开，油压指示灯灭。机油压力开关不经过 ECU，数据流显示 0.1bar 无实际含义。

一般在 ON 档下检测：正常情况下接上插头，油压指示灯亮，拔掉插头，油压指示灯灭。

图 4.19　机油压力开关位置

图 4.20　机油压力警告灯

引导问题 8： 燃油供给系统轨压传感器的作用是什么？

1）高压油轨存储高压燃油，高压泵的供油和燃油喷射产生的高压振荡在共轨容积中衰减，这样保证在喷油器打开时刻，喷射压力维持瞬间稳定，共轨同时起燃油分配器作用。

2）高压油轨上装有用来测量燃油压力的共轨压力传感器，用来进行燃油压力的闭环控制，如图 4.21、图 4.22 所示。

闭环控制是 ECU 根据发动机当前工况下传感器传出的信号计算出的理论轨压，控制进油计量比例阀的开度来实现轨压控制，并依靠轨压传感器检测当前实际轨压，与理论轨压进行对比修正。

引导问题 9： 电阻式压力传感器内部有电阻，能否通过测量电阻的方式判断它的好坏？

不能。这样会引起内部的电桥过载烧毁。其中，共轨压力传感器安装在共轨管上，承受的压力极大，非更换时不得拆卸。

图 4.21　轨压传感器

图 4.22　轨压传感器安装位置

引导问题 10：如何检测压力传感器？

一般采用接通与断开传感器插头进行测量分析，以扬柴 YZ4DA2-40 为例，如图 4.23 所示，实测对照见表 4.6。

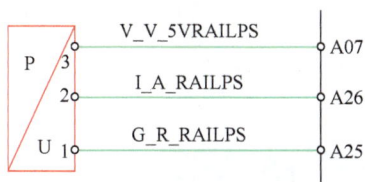

图 4.23　轨压传感器电路图

表 4.6　轨压传感器实测数据表

ECU 端口	接通传感器	断开传感器
A07 供电端	5V	5V
A26 信号端	0.5	4.94V
A25 搭铁端	0V	0V

插头断开后，故障码显示：P01F4 轨压传感器电压信号高于上限。

引导问题 11：为什么轨压传感器断开后信号端电压接近 5V？

图 4.23 所示轨压传感器电路图没有涉及 ECU 内部电路，可将 ECU 内部电路简化为图 4.24 所示的电路图。

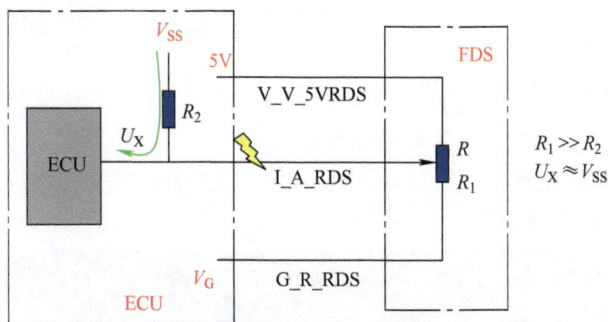

图 4.24　轨压传感器电路示意图

注意事项：图 4.24 为示意图，不代表实际电路，不能直接测量传感器电阻。图中 R_2 为上拉电阻，当信号线断路时显示接近 V_{SS} 的电压值。

引导问题 12：什么是上拉电阻？它的作用是什么？

上拉是将不确定的信号通过一个电阻钳位在高电平，电阻同时起限流作用。下拉同理，是将不确定的信号通过一个电阻钳位在低电平。上拉是对元器件输入电流，下拉是输出电流；强弱只是上拉电阻的阻值不同，没有什么严格区分；对于非集电极（或漏极）开路输出型电路（如普通门电路），提供电流和电压的能力是有限的，上拉电阻的功能主要是为集电极开路输出型电路输出电流通道。

在上拉电阻所连接的导线上，如果传感器无信号电压输入时，上拉电阻则"微弱地"将输入电压信号 U_X "拉高"（图 4.24）。对输入端来说，外部"看上去"就是高阻抗。这时，通过上拉电阻可以将输入端口处的电压拉高到高电平。如果外部组件启用，它将取消上拉电阻所设置的高电平。通过这样，上拉电阻可以使端子即使在未连接外部组件时也能保持确定的逻辑电平。

引导问题 13： 什么是轨压传感器信号超限？

轨压传感器信号超限指的是信号线电压不在正常电压区域范围内。

如图 4.25 所示：0 ~ 0.2V，轨压传感器信号电压最小故障。

0.2 ~ 0.5V，轨压传感器信号不可信故障。

4.5 ~ 4.8V，轨压传感器信号不可信故障。

4.8 ~ 5.0V，轨压传感器信号电压超上限故障。

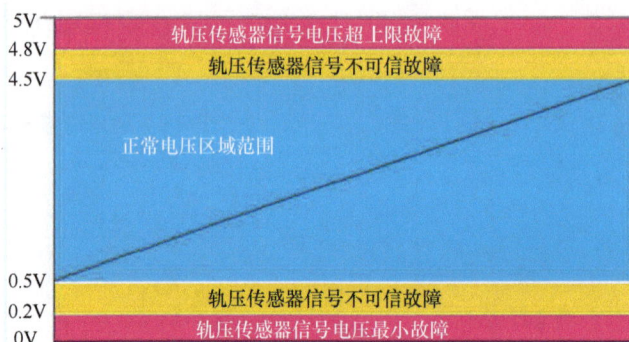

图 4.25 轨压传感器信号电压与故障对应图

引导问题 14： ON 档状态下轨压传感器正常的数据流是怎么样的，如图 4.26 所示？

11	轨压传感器输入电压	0.5 伏
10	设定轨压	370.0 巴
9	实际轨压	0.9 巴

图 4.26 扬柴 YZ4DA2-40 ON 档状态下轨压传感器正常的数据流

引导问题 15： 设定轨压与实际轨压是定值吗？

如图 4-27 所示设定轨压与实际轨压不是定值。随着工况的变化，设定轨压会发生变化，主要由车速及加速踏板位置决定。

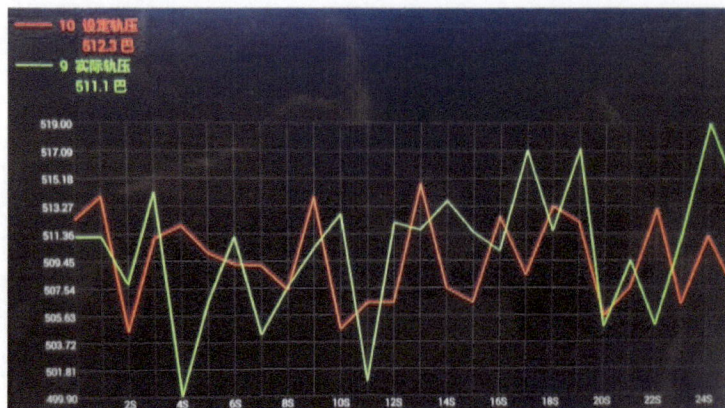

图 4.27 怠速时设定轨压与实际轨压折线图

引导问题 16：什么是轨压偏差？

轨压偏差 = 目标轨压（ECU 内部设定数据）− 实际轨压（轨压传感器反馈数据）

ECU 根据当前发动机传感器信息，给出一个目标轨压值，并通过调整 ECU 发送给燃油计量单元的 PWM 信号占空比来达到目标轨压。

当计算值为正时，结果为正偏差，即故障为实际轨压偏低；当计算值为负时，结果为负偏差，即故障为实际轨压偏高，如图 4.28 所示。

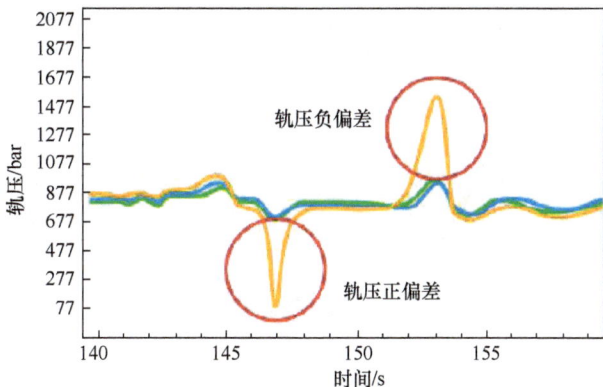

图 4.28　轨压偏差示意图

引导问题 17：与轨压偏差相关的故障码有哪些？引起该故障的原因分别有哪些？

P1011：轨压正偏差（实际轨压低于设定值）超限值 200bar，同时燃油计量单元达到最大开度。

可能原因：高低压泄漏，建压不足，喷油器常开。

P1012：燃油计量单元设定流量相比理论计算的最大值大，轨压偏差在允许范围内，但计量单元工作电流比理论计算最大值大。

可能原因：高压泵故障，计量单元故障，轨压传感器故障。

P0251：燃油计量单元供油量达到最小设定流量的情况下，轨压负偏差超限值（实际轨压高于设定值）200bar。

可能原因：低压供油量过大，计量单元常开，回油管路堵塞。

P0087：实际轨压低于最低轨压值（160bar 或 200bar）。

可能原因：高低压泄漏，建压不足，喷油器常开。

P0088：实际轨压高于 1500bar 或 1600bar 时间较长。

可能原因：计量单元卡滞常开，限压阀卡滞常闭，计量单元控制电流错误。

引导问题 18：轨压信号超限与轨压偏差在实际维修中有什么区别？

轨压偏差超限值是指目标轨压与实际轨压差值超过许可的范围，而轨压信号超限是指信号线电压不在正常电压区域范围内。在维修过程中出现轨压信号超限，要重点检查电路，出现轨压偏差超限值一般是油压故障。

【任务分组】

班级		组号		指导教师	
组长		组员			
任务分工	1. 负责在实车上找到各种压力传感器 2. 负责分析车辆压力传感器的作用 3. 利用诊断仪读取压力传感器的数据流				

【工作实施】

本任务主要包含压力传感器的查找、数据流的读取及检测。

引导问题 1：实训前的准备工作。

扬柴 YZ4DA2-40 发动机运转台架 5 台、诊断仪（E800）5 台、万用表 5 块、拆装工具 5 套、维修手册 5 本等。

引导问题 2：维修人员自查安全防护是否到位，是否穿工装、劳保鞋等。

引导问题 3：通过发动机检查，了解发动机的信息。

额定功率：

额定转速：

净重：

型号：

出厂日期：

编号：

总成件号：

引导问题 4：所使用的台架或实车上有哪些压力传感器？它们的功能分别是什么？

引导问题 5：接通及断开条件下压力传感器线束端电压是多少？

引导问题 6：请记录发动机怠速时压力传感器相关的数据流。

引导问题 7：什么故障会引起轨压传感器电压信号低于下限？请在台架上确认。

【评价反馈】

检查评估	维修资料、工具、设备的正确使用	A	B	C	D
	操作规范和任务完成情况	A	B	C	D
	任务工单填写	A	B	C	D
	纪律和回答现场提问	A	B	C	D
	团队合作	A	B	C	D
	安全和环保	A	B	C	D
成绩					
评语	教师签字： 日期：				

【单元测试】

1.共轨式柴油发动机有_____压力传感器、_____压力传感器、_____压力传感器、_____压力传感器、_____压力传感器等。

2.压力传感器大多数为三根线：_____、_____与_____。

3.闭环控制是 ECU 根据发动机当前工况下传感器传出的信号计算出的理论轨压，控制进油计量比例阀的开度来实现轨压控制，并依靠轨压传感器检测当前实际轨压，与_____进行对比修正。

4.电阻式压力传感器内部有电阻，_____通过测量电阻的方式判断它的好坏。

5.轨压传感器断开后信号端电压接近_____。

6.轨压正偏差，即故障为实际轨压_____。

任务 4.4　空气流量传感器故障检修

【情境描述】

一辆风骏皮卡，配备 GW2.8TC 型柴油机电控高压共轨系统。据用户反映，该车在运行过程中发动机动力不足且冒黑烟。用故障诊断仪调取故障码，显示正常。请借助维修技术资料修复故障车辆。

【学习目标】

1.认知空气流量传感器在柴油机电控系统中的作用。

2.认知空气流量传感器的工作原理。

3.能在实车上找到空气流量传感器的安装部位。

4.能正确拆卸、安装并检测空气流量传感器。

【获取信息】

引导问题1：空气流量传感器的安装位置。

为了避免受到曲轴箱混合气体的污染，影响其测量精度，空气流量传感器一般安装在空气滤清器的出口处。

引导问题2：空气流量传感器的作用是什么？

空气流量传感器（MAF）是用来检测发动机进气量的传感器之一，它将进气系统的空气流量转换为电压或频率信号输送给 ECU，ECU 以此来计算基本喷油量并确定最佳喷油时间。此外，EGR 系统的工作也需要参考空气流量传感器的信号。

如果空气流量传感器出现故障，ECU 将无法获得正确的进气量信息，就不能提供合理的喷油量，这将造成混合气过浓或过稀，使发动机运转不正常。同时，其他系统的工作也会受到不同程度的影响。

引导问题 3：空气流量传感器的分类。

目前柴油发动机采用的空气流量传感器主要有热线式或热膜式。小型柴油车普遍采用热膜式空气流量传感器（大型柴油车常采用进气压力传感器），是热线式的优化版，其发热体是热膜，而不是热线。热膜式空气流量传感器的发热体不直接承受空气流动所产生的作用力，因此增加了发热体的强度，提高了传感器的可靠性。

国六阶段，空气流量传感器再次得到升级，也就是文丘里管式空气流量传感器。这是一种根据文丘里效应研制开发的节流式流量传感器。文丘里管式空气流量传感器不仅准确度高、重复性好、压损小，还拥有自身装置小、防堵塞的优点。目前 TFI/PFM 文丘里管式空气流量传感器一般装在重型货车上，其安装位置位于中冷器之后，节气门之前。

引导问题 4：空气流量传感器的原理。

热线式和热膜式空气流量传感器在结构上基本相同，不同之处就是：其内部的发热体一个是金属铂丝，一个是金属铂膜片（图 4.29）。

热线电阻一般安装在空气流量传感器的中间，以便充分接触流过的空气。

下面以热膜式空气流量传感器为例分析其工作原理：

热膜式空气流量传感器的金属铂膜片在检测流过的空气时，由于与空气之间的热传递，其温度会有所变化。当空气流量较大时，被带走的热量就越多。为了维持铂膜片的温度，需要增大通过铂膜片的电流。反之，空气流量较小，铂膜片被带走的热量就少，维持自身温度所需的电流就小。热膜式空气流量传感器就是利用这种对应的关系来检测空气流量的。

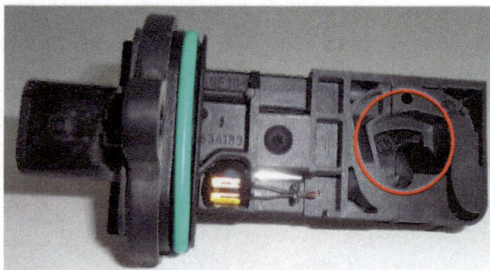

图 4.29 热膜式空气流量传感器

热膜式空气流量传感器由热膜电阻（铂膜片）R_H、温度补偿电阻 R_T、精密电阻 R_1 及 R_2、信号取样电阻 R_S 组成，这些电阻在电路板上以惠斯通电桥的方式进行连接，结构如图 4.30 所示。

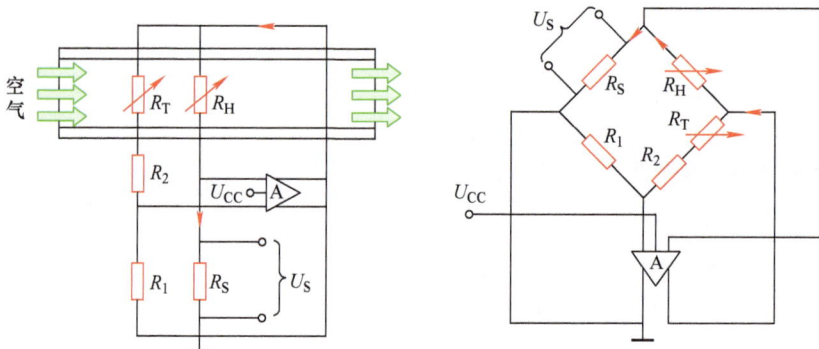

图 4.30 热膜式空气流量传感器结构

当空气流经热膜电阻 R_H 并使其冷却时，其温度降低，电阻减小，电桥电压失去平衡，控制电路将增大供给 R_H 的电流，使其温度保持在高于温度补偿电阻 R_T 一个固定值（一般为100℃）。电流增量的大小取决于 R_H 受冷却的程度，即取决于流过空气流量传感器的空气流量。当电桥电流增大时，信号取样电阻 R_s 上的电压就会升高，从而将空气流量的变化转换为电压信号 U_S 的变化。该信号电压输入 ECU 后，ECU 可根据信号电压的高低计算出空气流量的大小。

有些热膜式空气流量传感器的输出信号为频率信号。电压信号的变化被转变成频率信号发送给 ECU，用于计算进气质量。车型不同，空气流量传感器信号频率也不同，早期车型上的频率为 0~300Hz，而新型车辆上的频率为 1~9kHz。

引导问题 5：什么是热线式空气流量传感器的自清洁功能？

热线式空气流量传感器工作原理上与热膜式空气流量传感器相同，但其内部的热线在使用一段时间后，表面会粘附一些沉积物。由于这种传感器是基于热线表面与空气的热传导而制成的，热线上的任何沉积物都会降低其热传导能力，从而影响空气流量传感器的检测精度，因此有些热线式空气流量传感器设计有自清洁功能。当发动机运行足够长的时间后，关闭点火开关时，ECU 在短时间内给热线提供大电流，使其产生足够的热量烧掉粘附的沉积物。

引导问题 6：空气流量传感器常见故障有哪些？

空气流量传感器常见故障主要是电路故障和机械故障。当空气流量传感器出现电路短路或断路时，发动机故障指示灯会点亮，维修技术人员可以通过诊断仪查询到 ECU 内部存储的相关故障码。

当空气流量传感器的热线、热膜严重脏污时，ECU 不会存储故障码，发动机故障指示灯也不会点亮。但是，空气流量传感器不能给 ECU 提供正确的进气量信号，致使喷油量与实际进气量不符，混合气过浓或过稀，进而导致发动机出现工作不稳、加速无力、排放污染加重等故障现象。

引导问题 7：与空气流量传感器相关的部件检测注意事项有哪些？

1）空气流量传感器与 ECU 之间的连接线束是否磨损或腐蚀，线束插接器是否松脱？

2）空气流量传感器内部涡流发生器是否松动？热线、热膜是否脏污？

3）空气流量传感器与进气软管之间的连接是否松脱？

引导问题 8：什么是未计量空气？

空气流量传感器设计目的是测量进入发动机的全部空气。如果进气管路连接处出现松脱或漏气，则进入发动机的空气会多一部分。这一部分空气称为未计量空气。

因为这部分空气没有被计量，则 ECU 提供的燃油不会满足相应的空燃比，这将会造成混合气过稀，尤其是怠速时更为明显。

引导问题 9：如何检测空气流量传感器？

一般采用接通与断开传感器插头的方法进行测量分析，以 GW2.8TC 为例，实测数据见表 4.7。

表 4.7　空气流量温度传感器实测数据表

线束序号	接通传感器	断开传感器	备注
1	12V	12V	蓄电池电压
2	0V	0V	搭铁线
3	3V 左右	5V	信号电压
4	2.5V 左右	5V	信号电压

注意事项：如图 4.31 所示，空气流量传感器通常与进气温度传感器集成在一起，且共用搭铁线，3 号为温度传感器的信号线。

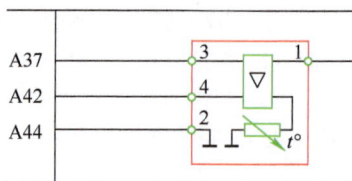

图 4.31　空气流量传感器电路图

【任务分组】

班级		组号		指导教师	
组长		组员			
任务分工	*1. 负责收集故障车辆信息：发动机型号、ECU 软硬件版本号、故障码、空气流量传感器的品牌、零件号 2. 负责在实车上找到空气流量传感器，并拆卸与安装 3. 利用诊断仪读取压力传感器的数据流				

【工作实施】

本任务主要包含空气流量传感器的查找、数据流的读取及检测。

引导问题 1：实训前的准备工作。

潍柴运行台架 5 台、万用表 5 块、示波器 5 台、诊断仪 5 台、拆装工具 5 套等。

引导问题 2：维修人员自查安全防护是否到位，是否穿工装、劳保鞋等。

引导问题 3：通过实车检查，了解待修车辆的信息。

发动机型号：

发动机 ECU 型号：

行驶里程：

故障现象及故障码：

引导问题 4：所使用的台架或实车上是哪种类型的空气流量传感器？它的功能分别是什么？

引导问题 5：请记录发动机怠速时空气流量传感器的数据流。

【评价反馈】

检查评估	维修资料、工具、设备的正确使用	A	B	C	D
	操作规范和任务完成情况	A	B	C	D
	任务工单填写	A	B	C	D
	纪律和回答现场提问	A	B	C	D
	团队合作	A	B	C	D
	安全和环保	A	B	C	D
成绩					
评语		教师签字： 日期：			

【单元测试】

1. 为了避免受到曲轴箱混合气体的污染，影响其测量精度，空气流量传感器一般安装在_____。

2. 目前，小型柴油车一般采用_____式空气流量传感器。

3. 当空气流量传感器出现电路短路或断路时，_____会点亮。

4. 当空气流量传感器的热线、热膜严重脏污时，ECU_____存储故障码。

5. 如果进气管路连接处出现松脱或漏气，则进入发动机的空气会多一部分。这一部分空气称为_____。这将会造成混合气过稀，尤其是_____更为明显。

6. 空气流量传感器常与_____集成在一起。

任务4.5 磁电式转速传感器故障检修

【情境描述】

一辆重汽豪沃半挂车，配备潍柴国五排放发动机。据用户反映，该车起动困难，且在运行过程中发动机动力不足。用故障诊断仪调取故障码为P0335曲轴位置传感器故障。

【学习目标】

1. 认知磁电式曲轴转速传感器在柴油机电控系统中的作用。
2. 认知磁电式曲轴转速传感器工作原理。
3. 能在实车上找到磁电式曲轴转速传感器的安装部位。
4. 能正确识别磁电式曲轴转速传感器。
5. 能正确拆卸、安装并检测磁电式曲轴转速传感器。

【获取信息】

引导问题1：转速传感器的应用及功能描述见表4.8。

表4.8 转速传感器的应用及功能描述

序号	名称	功能描述
1	曲轴转速传感器	精确计算曲轴位置，用于计算喷油时刻、喷油量、转速
2	凸轮轴位置传感器	气缸判别

转速传感器可分为磁电式、霍尔式、磁阻式、光电式。WP 系列凸轮轴位置传感器属磁电式传感器，安装在高压油泵上。凸轮轴信号盘 360° 范围，间隔 60° 为一齿。设计 6+1 齿，其中多余的齿称为多齿信号。齿轮旋转时，信号盘和耦合线圈之间的气隙会发生变化，从而影响输出波形。

本节主要以应用较广的磁电式曲轴转速传感器为例讲解。

引导问题 2： 为什么需要曲轴转速传感器？

根据四冲程发动机工作原理，喷油时间必须精确控制在压缩行程上止点附近。曲轴转速传感器采集准确的曲轴转角信号，结合凸轮轴位置信号同时送给发动机 ECU 后，确定基础喷油正时。

引导问题 3： 根据曲轴转速传感器工作原理，你认为它的安装位置有什么特点？

图 4.32 曲轴转速传感器位置图

曲轴位置传感器一般安装于曲轴前端、中部或变速器壳体靠近飞轮的位置，如图 4.32 所示。

引导问题 4： 磁电式曲轴转速传感器结构有什么特点？

图 4.33 所示是磁电式曲轴位置传感器结构。

引导问题 5： 磁电式曲轴转速传感器的工作原理。

1）当信号齿圈凸齿靠近传感器时，软铁心与齿间隙逐渐缩小，线圈的磁通量变化率逐渐增大，因此产生一个逐渐增大的正的感应电动势，如图 4.34 所示。

2）当凸齿继续靠近软铁心时，磁通量的变化率则在减小，因此产生一个正的、逐渐减小的感应电动势。当信号齿圈凸齿与铁心对齐成一条直线时，软铁心与凸齿间隙最小，磁场强度最强，线圈的磁通量最大，磁通量变化率为 0，所以电压为 0V，如图 4.35 所示。

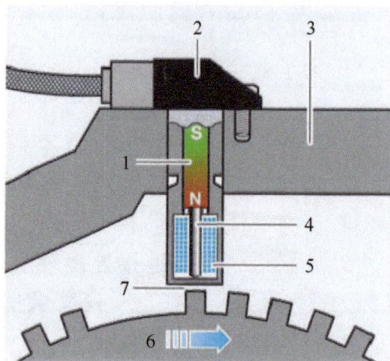

图 4.33 磁电式曲轴转速传感器结构

1—永久磁铁　2—曲轴传感器壳体
3—变速器壳体　4—软铁心　5—线圈
6—基准标记（两个缺齿对应位置）　7—气隙

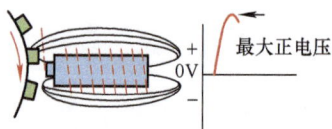

图 4.34 感应电动势增大图

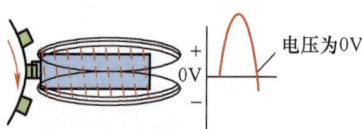

图 4.35 感应电动势减小图

3）信号齿圈继续转动，凸齿远离软铁心准备离开传感器时，二者间隙逐步变大，软铁心中的磁场减弱，磁通量变化率逐渐增大，所以产生一个负的、绝对值逐渐增大的感应电动势，如图 4.36 所示。

引导问题 6： 为什么磁电式曲轴转速传感器有 2 线和 3 线之分？

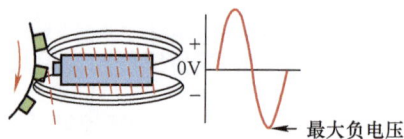

图 4.36 感应电动势负值图

2 线式磁电式曲轴位置传感器的两根线均为信号回路线，3 线式与 2 线式的区别是多了一根抗干扰屏蔽线，如图 4.37 所示。

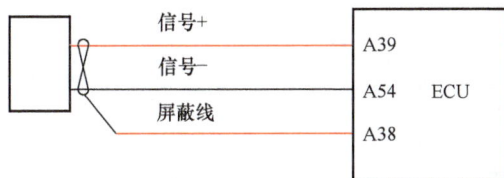

信号+ → A39

信号— → A54 ECU

屏蔽线 → A38

图 4.37　磁电式曲轴转速传感器电路图

引导问题 7： 磁电式曲轴转速传感器发生故障后有什么现象？

曲轴转速传感器发生故障后会导致发动机无法起动或运转不平稳。

1. 发动机无法起动

起动时，当飞轮转动 2 圈后，系统仍检测不到曲轴位置信号时，便不能确定正确的喷油时刻，系统不会下达喷油指令，故障灯亮，故障码为 P0335 无曲轴信号。

2. 发动机运转不平稳

在发动机工作时，平稳运转模式下的单缸喷油量是以发动机各缸的瞬间转速为参量来设定的，而且单缸喷油量的调节是在主喷油量的基础上进行的微调。如果转速传感器测得的转速不准，超过了微调所能弥补的极限时，平稳运转控制便会失效，此时会导致发动机运转不平稳，可能会出现"P0336 错误的曲轴传感器信号"的故障码。

引导问题 8： 磁电式曲轴转速传感器故障点分析，如图 4.38 所示。

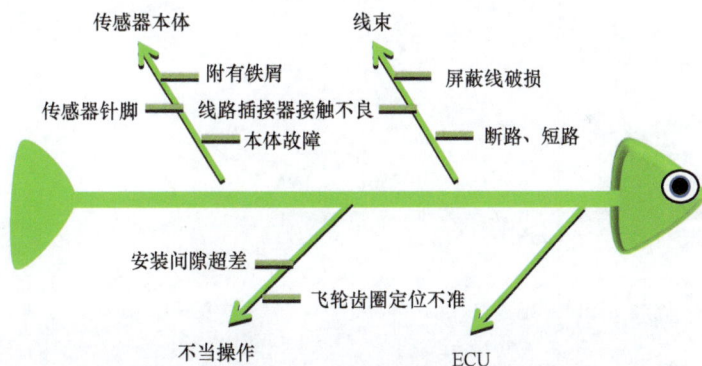

图 4.38　磁电式曲轴转速传感器故障鱼刺分析图

引导问题 9： 扬柴 YZ4DA2-40 曲轴转速传感器波形是什么形状？

图 4.39、图 4.40 所示为扬柴 YZ4DA2-40 台架怠速（720r/min）电阻 0.98kΩ 波形图。

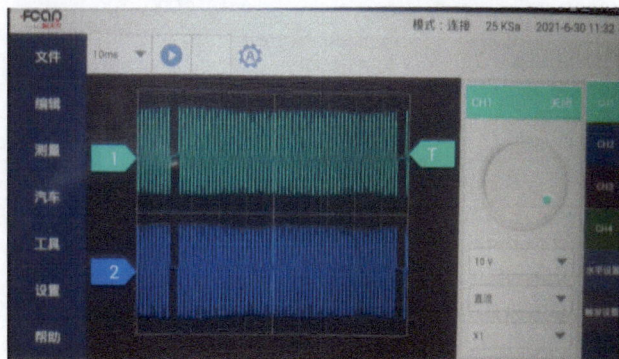

图 4.39　1 通道 A39、2 通道 A54 输入波形

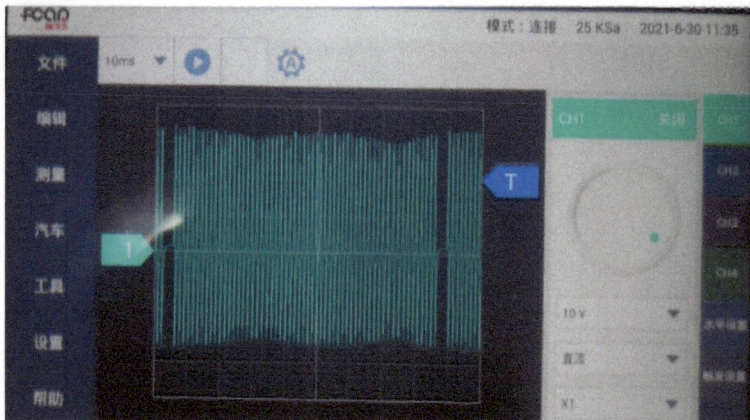

图 4.40　A39、A54 叠加后波形

引导问题 10：扬柴 YZ4DA2-40 磁电式凸轮轴位置传感器波形是什么形状（图 4.41）？

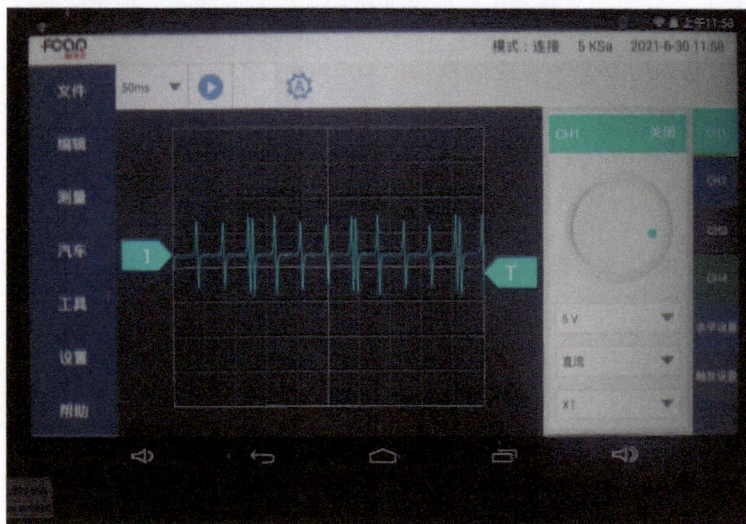

图 4.41　扬柴 YZ4DA2-40 磁电式凸轮轴位置传感器波形

【任务分组】

班级		组号		指导教师	
组长		组员			
任务分工	1. 负责收集故障车辆信息：发动机型号、ECU 软硬件版本号、故障码、磁电式曲轴位置传感器品牌、零件号 2. 负责在实车上找到磁电式曲轴位置传感器，并拆卸与安装 3. 传感器拆下后，使用示波器采集出上述原理图所示的波形				

【工作实施】

本任务主要包含磁电式曲轴转速传感器的拆装与测量、波形图的绘制。

引导问题 1：实训前的准备工作。

潍柴运行台架 5 台、万用表 5 块、示波器 5 台、诊断仪 5 台、拆装工具 5 套等。

引导问题 2：维修人员自查安全防护是否到位，是否穿工装、劳保鞋等。

引导问题 3：通过实车检查，了解待修车辆的信息。

发动机型号：

发动机 ECU 型号：

行驶里程：

故障现象及故障码：

该磁电式曲轴位置传感器品牌及零件号：

引导问题 4：拆装磁电式曲轴转速传感器需要准备哪些工具？

引导问题 5：正确拆卸磁电式曲轴转速传感器的步骤是什么？

引导问题 6：单独测试磁电式曲轴转速传感器信号时，如果要获得正确的波形，传感器的 1、2 号端子分别接示波器的哪条线？

引导问题 7：画出你使用金属件突然靠近、离开传感器的实测波形。

引导问题 8：实测传感器的电阻。

【评价反馈】

检查评估	维修资料、工具、设备的正确使用	A	B	C	D
	操作规范和任务完成情况	A	B	C	D
	任务工单填写	A	B	C	D
	纪律和回答现场提问	A	B	C	D
	团队合作	A	B	C	D
	安全和环保	A	B	C	D
成绩					
评语				教师签字： 日期：

【单元测试】

1. 转速传感器可分为_____、_____、磁阻式、光电式。

2. 曲轴转速传感器发生故障后会导致_____或_____。

3. 当信号齿圈凸齿靠近传感器时，软铁心与齿间隙逐渐缩小，线圈的磁通量变化率逐渐增大，因此产生一个逐渐增大的_____。

4. 起动时，当飞轮转动 2 圈后，系统仍检测不到曲轴位置信号时，便不能确定_____。

5. 在发动机工作时，平稳运转模式下的单缸喷油量是以发动机各缸的_____来设定的。

任务 4.6 霍尔式转速传感器故障检修

【情境描述】

一辆江铃顺达微型货车，配备德尔福 DCM3.2 系统。据用户反映，该车起动困难，且在运行过程中发动机动力不足。我们用故障诊断仪调取故障码为 P0340 无凸轮轴信号。

【学习目标】

1. 认知霍尔式凸轮轴位置传感器在柴油机电控系统中的作用。
2. 认知霍尔式凸轮轴位置传感器工作原理。
3. 能在实车上找到霍尔式凸轮轴位置传感器的安装部位。
4. 能正确拆卸、安装并检测霍尔式凸轮轴位置传感器。

【获取信息】

引导问题 1：凸轮轴位置传感器的分类。

常见的有电磁感应式、霍尔式、光电式三种。本节主要以霍尔式凸轮轴位置传感器作为讲解。

引导问题 2：为什么需要凸轮轴位置传感器？

凸轮轴位置传感器的功用是采集凸轮轴的位置信号，并输入 ECU，以便 ECU 识别一气缸压缩上止点，从而进行顺序喷油控制。

此外，凸轮轴位置信号还用于发动机起动时识别出第一次喷油时刻。因为凸轮轴位置传感器能够识别哪个气缸活塞即将到达上止点，所以称为气缸识别传感器。

引导问题 3：根据凸轮轴位置传感器工作原理，你认为它的安装位置有什么特点？

它一般安装在气门室盖后部，传感器头部对应凸轮轴尾部的信号转子。

引导问题 4：霍尔效应是什么意思？

霍尔效应工作原理如图 4.42 所示，当电流 I_s 垂直于外磁场通过霍尔元件时，电荷在洛仑兹力作用下向一侧偏移，在垂直于电流和磁场的霍尔元件的横向侧面上产生一个电压，称为霍尔电压 U_H。

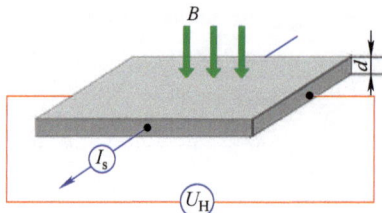

图 4.42 霍尔效应工作原理图

霍尔式凸轮轴位置传感器由信号齿圈、霍尔元件、永久磁铁和电子电路等组成，其工作原理如图4.43所示。

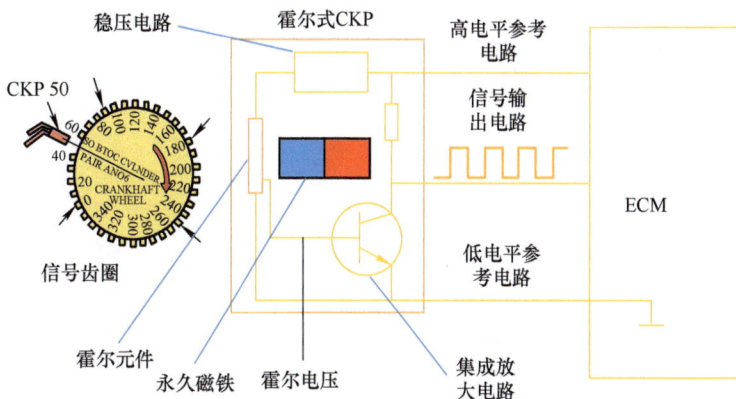

图 4.43　霍尔式凸轮轴位置传感器的工作原理示意图

在曲轴带动信号齿圈转动时，霍尔元件所处的磁场强度出现强弱交替变化，霍尔元件将输出一个毫伏级正弦波信号，电子电路将这个信号转换成与曲轴转速相对应的脉冲电压，以方波形式输出给 ECU，如图4.44所示。与磁电式曲轴位置传感器一样，信号齿圈通常有两个缺齿作为基准标记。

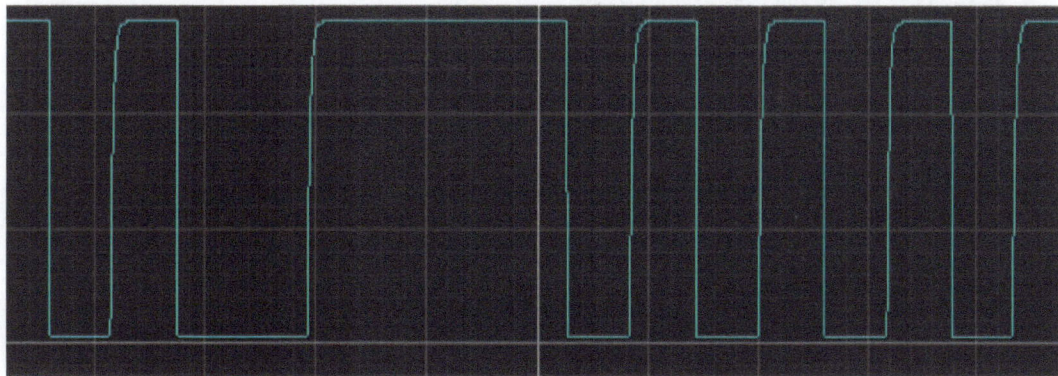

图 4.44　霍尔式曲轴位置传感器波形图

引导问题 5：为什么凸轮轴位置传感器有 2 线和 3 线之分？

普通霍尔式传感器为 3 线式传感器，有三个接线端子，分别为 5V 高电平参考电路、低电平参考电路和信号输出端子；而新型霍尔式传感器只有 2 根引线。2 线式霍尔传感器使用载波技术，它通过高电平参考电路或低电平参考电路将脉冲信号以载波的形式传输给 ECU。

引导问题 6：曲轴与凸轮轴位置传感器之间的关系。

对于现代汽车发动机控制系统，当曲轴位置传感器或凸轮轴位置传感器发生故障时，其信号有时可以互相替换。

例如，当曲轴位置传感器信号丢失时，ECU 可以利用凸轮轴位置传感器信号推算出曲轴位置和发动机转速，当凸轮轴位置传感器丢失时，ECU 可以利用曲轴位置传感器信号判断 1 缸压缩上止点和各缸活塞位置。

曲轴位置传感器与凸轮轴位置传感器中任何一个正常工作，发动机能否起动决定于 ECU 的控制逻辑，但是可以肯定的是 ECU 会进入故障模式，限制发动机的某些功能。

【任务分组】

班级		组号		指导教师	
组长		组员			
任务分工	1. 负责收集故障车辆信息：发动机型号、ECU 软硬件版本号、故障码、霍尔式凸轮轴位置传感器品牌、零件号 2. 负责在实车上找到霍尔式凸轮轴位置传感器，并拆卸与安装 3. 对凸轮轴位置传感器进行维修更换作业，并检查和评估修复质量				

【工作实施】

本任务主要包含霍尔式凸轮轴位置传感器的拆装与测量、波形图的绘制。

引导问题 1：实训前的准备工作。

潍柴运行台架 5 台、万用表 5 块、示波器 5 台、诊断仪 5 台、拆装工具 5 套等。

引导问题 2：维修人员自查安全防护是否到位，是否穿工装、劳保鞋等。

引导问题 3：通过实车检查，了解待修车辆的信息。

发动机型号：

发动机 ECU 型号：

行驶里程：

故障现象及故障码：

该霍尔式凸轮轴位置传感器品牌及零件号：

引导问题 4：拆装霍尔式凸轮轴位置传感器需要准备哪些工具？

引导问题 5：正确拆卸霍尔式凸轮轴位置传感器的步骤是什么？

引导问题 6：查看数据流，记录与凸轮轴位置传感器相关的数据流。

【评价反馈】

	维修资料、工具、设备的正确使用	A	B	C	D
检查评估	操作规范和任务完成情况	A	B	C	D
	任务工单填写	A	B	C	D
	纪律和回答现场提问	A	B	C	D
	团队合作	A	B	C	D
	安全和环保	A	B	C	D
成绩					
评语		教师签字： 日期：			

【单元测试】

1.凸轮轴位置传感器的功用是采集凸轮轴的位置信号，并输入 ECU，以便 ECU 识别＿＿＿＿＿＿＿＿＿＿＿＿＿，从而进行顺序喷油控制。

2.霍尔式凸轮轴传感器由＿＿＿＿＿＿＿、＿＿＿＿＿＿＿、＿＿＿＿＿＿和＿＿＿＿＿＿等组成。

3.两线式霍尔传感器使用＿＿＿＿＿＿＿，它通过高电平参考电路或低电平参考电路将＿＿＿＿＿＿＿以＿＿＿＿的形式传输给 ECU。

4.对于现代汽车发动机控制系统，当＿＿＿＿＿＿＿＿＿＿或凸轮轴位置传感器发生故障时，其信号有时可以互相替换。

5.曲轴位置传感器与凸轮轴位置传感器中任何一个正常工作，发动机能否起动决定于 ECU 的＿＿＿＿＿＿＿。

项目描述	作为未来的专业维修技师，将对共轨式柴油喷射系统信号输入进行系统性学习。通过 2 个任务的训练，将学会执行器的功能及检修，并提升团队协作能力和安全环保意识
项目任务	任务 5.1　燃油计量单元故障检修 任务 5.2　共轨喷油器故障检修

如果把电子控制单元（ECU）比喻成汽车电子控制系统的"大脑"，传感器是汽车电子控制系统的"千里眼"和"顺风耳"，那么执行器是汽车电子控制系统的"手"和"脚"，电子控制单元通过执行器实现对被控对象的控制。执行器对电子控制单元输出的控制信号作出迅速反应，使被控对象工作在设定的最佳状态。

任务 5.1　燃油计量单元故障检修

【情境描述】

服务站接到一辆陕汽重型货车，此车装用潍柴 WP12 电喷发动机。车主反映：发动机运行限速 1500r/min。请将车辆修复。技术经理安排你首先读取故障码，再进行维修。用诊断设备进行读取，故障码为 P01E8 燃油计量单元设定流量相比理论计算的最大值大。

【学习目标】

1.能通过与客户交流、查阅维修技术资料等方式获取车辆信息，确认故障现象。

2.掌握燃油计量单元工作原理和各标准参数，能看懂电路图；能就车找到执行器。

3.会制订维修计划，能正确使用诊断工具仪器，会对元器件进行测试，并正确记录、分析各种检测结果，作出故障判断。

4.能对燃油计量单元进行维修更换，并能对发动机进行测试、检查和评估修复质量。

【获取信息】

引导问题 1：什么是燃油计量单元？

燃油计量单元如图 5.1 所示。它通过控制高压泵的进油量和回油量，从而控制油泵柱塞向共轨管的供油量，满足共轨系统设定压力，与轨道压力传感器形成对轨压的闭环控制。

引导问题 2：燃油计量单元的位置。

它一般集成在高压油泵上面，受 ECU 控制，插头上有两根线分别是电源电压、信号电压，不允许随意拆解，如图 5.2 所示。

引导问题 3：ECU 控制燃油计量单元的方法。

ECU 对它的控制是 PWM 控制，也叫占空比控制，通过电流脉冲的大小改变其内部油路通道面积，控制燃油流通量。

图 5.1　燃油计量单元

图 5.2　燃油计量单元位置图

　　占空比是指在一个脉冲循环内，通电时间相对于总时间所占的比例。如图 5.3 所示，脉冲宽度 3ms、信号周期 4ms 的脉冲序列占空比为 25%。占空比通常用百分比或比率来表示。

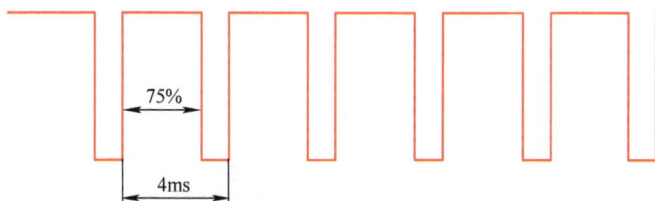

图 5.3　占空比示意图

　　引导问题 4：燃油计量单元的控制方式。

　　一般有两种控制方式：常开式和常闭式，维修时应注意区分。WP 系列采用常开式。

　　如图 5.4 所示，燃油计量单元在控制线圈没有通电时，本身是导通的，也就是所说的常开式电磁阀，可以给油泵提供最大流量的燃油。ECU 通过脉冲信号改变高压油泵进油截面积而改变燃油量。

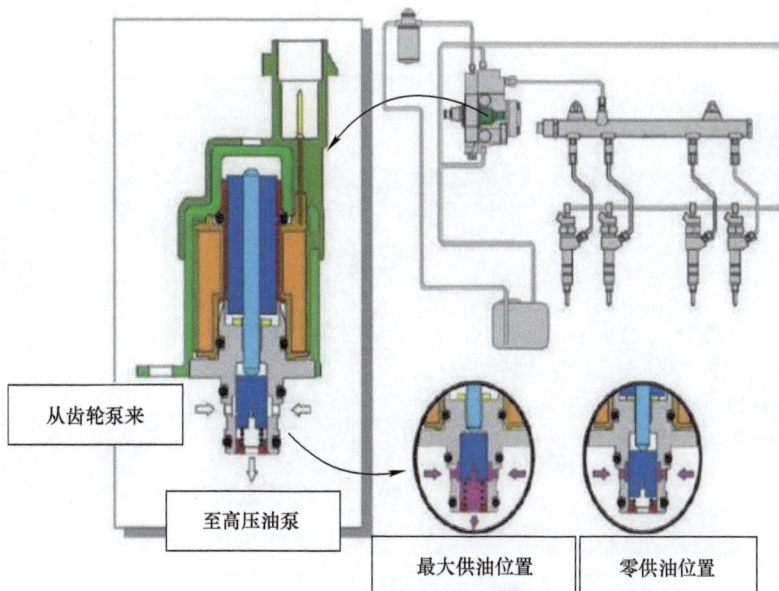

图 5.4　燃油计量单元控制图

我们可以简单地将燃油计量单元理解为一个电磁开关，其控制着通向油泵的油路。不通电时这个开关是打开的，供往油泵的油量最大。相反，通电使电磁阀处于零供油位置时，通往油泵的供油量应该为零。

引导问题 5：如何理解 P01E8 燃油计量单元设定流量相比理论计算的最大值大？怎样排查？

计量阀开度受轨压影响，当实际轨压低于目标轨压，ECU 减小计量阀开度，加大进油量，提高轨压。当超过一定开度时，仍然达不到目标轨压，报出上述故障码。

读取怠速时计量阀电流值，24V 博世系统标准 1400mA ± 20mA。因为是常开式计量阀，低于标准值表示计量阀开度大。排查方法是全面检查高低压及回油油路。

引导问题 6：燃油计量单元怎么检测？

1）在打开点火开关的情况下，进油计量比例阀应有"嗡嗡"声，用手靠近进油计量比例阀，能感到振动，如果声音尖锐，则说明油路内进入空气，此时应检查油路气密性。

2）测量燃油计量单元电阻，正常情况下电阻为 2.6~3.15Ω。如果电阻异常，则可判定为进油计量比例阀故障。扬柴 YZ4DA2-40 燃油计量单元电阻实测为 2.9Ω；WP10 燃油计量单元电阻实测为 2.9Ω。

3）结合电路图（图 5.5）测量线路的连接情况，如果线路异常，应进行修复。

4）对于常闭燃油计量单元，在不通电情况下，进油计量比例阀应处在全闭状态，此时使用化油器清洗剂测试油路，旁通油道与出油道应为关断状态；向电磁阀通电（直流电即可），随着电压的升高直至 5V 电压的情况下，进油计量比例阀应逐渐全开，此时使用化油器清洗剂测试油路，旁通油道与出油道应为畅通状态，如果存在异常，可判定为油品问题导致进油计量比例阀损坏。

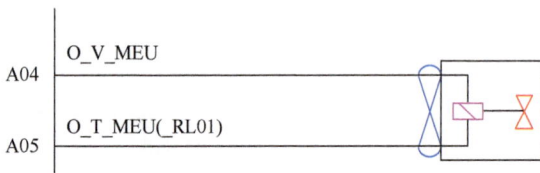

图 5.5 燃油计量单元电路图

引导问题 7：燃油计量单元线束动态波形是怎么样的？

将示波器的诊断线接在 A04 线束上，再将搭铁线连 A5 线束。测得扬柴 YZ4DA2-40 怠速下的波形如图 5.6 所示。

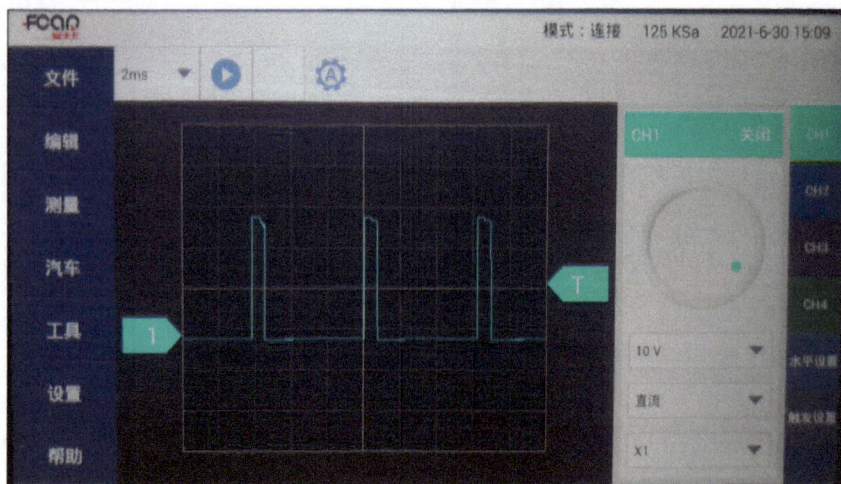

图 5.6 扬柴 YZ4DA2-40 怠速下的波形

在加速踏板位置发生改变时，波形的幅值不变，周期会变化，是非线性比例关系。

【任务分组】

班级		组号		指导教师	
组长		组员			
任务分工	1. 负责在实车上找到车辆的燃油计量单元 2. 负责对燃油计量单元数据流的读取及线路检测 3. 负责就车对燃油计量单元进行检测（不拆装）				

【工作实施】

本任务以潍柴电喷发动机为例，要求在发动机上找到燃油计量单元并做外观检查，查看故障码及数据流进行测量及维修。

引导问题1：实训前的准备工作。

潍柴WP10运转台架5台、诊断仪（E800）5台、万用表5块、拆装工具5套、维修手册5本等。

引导问题2：维修人员自查安全防护是否到位，是否穿工装、劳保鞋等。

引导问题3：通过实车检查，了解待修车辆的信息。

整车型号：

VIN：

发动机型号及排放标准：

引导问题4：根据资料查找确认所使用的台架或实车上燃油计量单元的控制形式。

引导问题5：在发动机转速为720r/min及1400r/min时读取燃油计量单元的数据流并绘制波形图。

引导问题6：燃油计量单元电路断路及短路时的故障现象。

【评价反馈】

检查评估	维修资料、工具、设备的正确使用	A	B	C	D
	操作规范和任务完成情况	A	B	C	D
	任务工单填写	A	B	C	D
	纪律和回答现场提问	A	B	C	D
	团队合作	A	B	C	D
	安全和环保	A	B	C	D
成绩					
评语			教师签字： 日期：		

【单元测试】

1. 燃油计量单元通过控制高压泵的进油量和回油流量，从而控制油泵柱塞向轨道的供油量，满足共轨系统_____，与_____形成对轨压的闭环控制。

2. ECU对燃油计量单元的控制是_____控制，也叫_____，通过电流脉冲的大小改变其内部油路通道面积，控制燃油流通量。

3. 燃油计量单元一般有两种控制方式：_____和_____。

4. 在加速踏板位置发生改变时，燃油计量单元线束动态波形的_____不变，_____会变化，是非线性比例关系。

任务 5.2   共轨喷油器故障检修

【情境描述】

4S店接到一辆陕汽X3000，行驶了18万km。车主反映：发动机怠速不稳，于是送修。请借助维修技术资料，修复故障车辆。

【学习目标】

1. 能通过与客户交流、查阅维修技术资料等方式获取车辆信息，确认故障现象。

2. 掌握共轨喷油器工作原理和标准参数。

3. 能就车找到共轨喷油器，并对类别进行判断，能看懂电路图。

4. 能制订维修计划，使用诊断工具仪器，对元器件进行测试并正确记录、分析各种检测结果（电源电压、信号电压与搭铁信号、标准电阻），作出故障判断。

5. 能对喷油器进行维修更换，并能对发动机进行测试、检查和评估修复质量。

【获取信息】

引导问题 1：共轨喷油器的作用。

共轨喷油器是共轨系统中最关键和最复杂的部件，也是设计、工艺难度最大的部件。ECU通过控制电磁阀的开启和关闭，将高压油轨中的燃油以最佳的喷油定时、喷油量和喷油率喷入燃烧室。

引导问题 2：共轨喷油器的组成。

为了实现有效的喷油始点和精确的喷油量，共轨系统采用带有液压伺服系统和电子控制元件（电磁阀）的专用喷油器。

引导问题3：博世喷油器的分类。

博世喷油器按车辆类型绝大多数符合的规律分为：乘用车、轻型货车装配的110系列喷油器；重型货车、中型货车装配的120系列喷油器。

注意事项：具体型号需根据车型查阅博世共轨喷油器型号对照表。

引导问题4：喷油器电磁阀的工作原理。

电磁阀由线圈、铜接头等组成，它在通电的情况下会产生电磁力，吸引衔铁盘上移，实现阀球的开启与关闭，如图5.7所示。

1. 静止关闭状态（图5.8a）

电磁铁不通电，阀球在弹簧力的作用下紧紧封住阀座座面。由于通入A腔的燃油与通入B腔的燃油具有相同的压强（共轨），且阀杆端面的液力受力面积远大于针阀端的液力受力面积，因此作用在整个运动部件上的合力向下，针阀落座紧紧封住喷油孔，没有喷油。

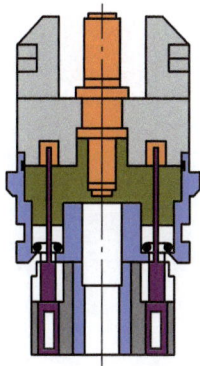

图5.7 喷油器电磁阀

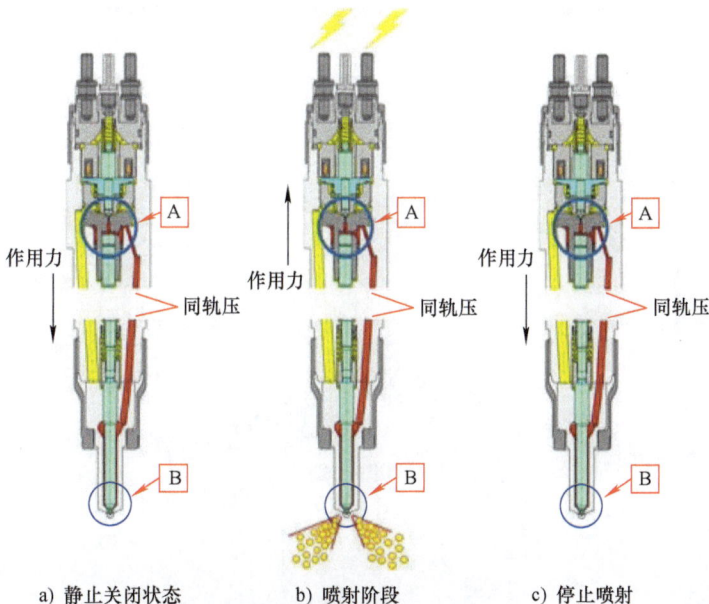

a) 静止关闭状态   b) 喷射阶段   c) 停止喷射

图5.8 喷油器工作原理图

2. 喷射阶段（图5.8b）

当电磁铁通电时，产生向上的电磁力，这时电磁力吸引衔铁盘向上运动，球阀在高压燃油的作用下被顶开，A腔内的高压燃油通过座面孔快速往上回油，A腔内的油压急剧下降。但是针阀端B腔内的燃油仍然保持与轨压相近的压强，因此作用在整个运动部件上的合力向上，迫使针阀抬起，高压燃油通过喷孔喷射入燃烧室，实现喷射。在电磁阀持续通电的情况下，喷油器持续喷油。

3. 停止喷射（图5.8c）

一旦电磁铁停止通电，其产生的电磁力即刻消失，衔铁心在弹簧力的作用下迫使球阀紧紧封住阀座座面。这时A腔内油压迅速增加直至接近油轨内的油压。作用在整个运动部件上的合力转为向下，针阀落座紧紧封住喷孔，停止喷油。

引导问题5：喷油器电磁阀的检测。

使用万用表电阻档红黑表笔分别按在喷油器两个接线端上（图5.9），检测其电磁阀线圈的电阻。

博世 CRIN2 线圈标准电阻为 230mΩ。

在实车维修过程中，建议与发动机上多个喷油器电阻进行比对。

引导问题 6：喷油器电磁阀输入的正常波形是怎么样的？

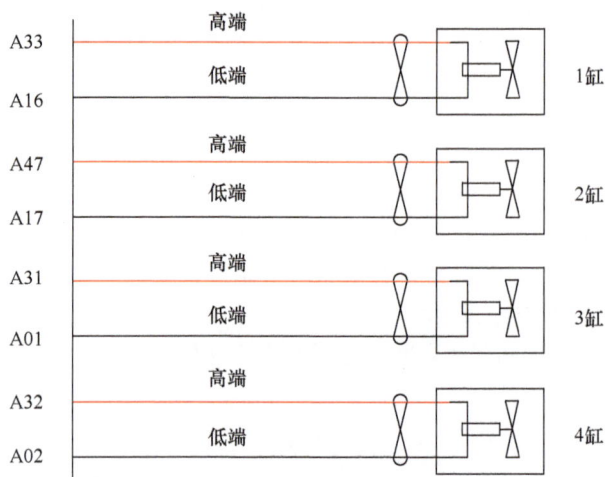

图 5.9　扬柴 YZ4DA2-40 喷油器电路图

将示波器诊断线接高端，搭铁线接低端。测得扬柴 YZ4DA2-40 怠速下的波形如图 5.10 所示。

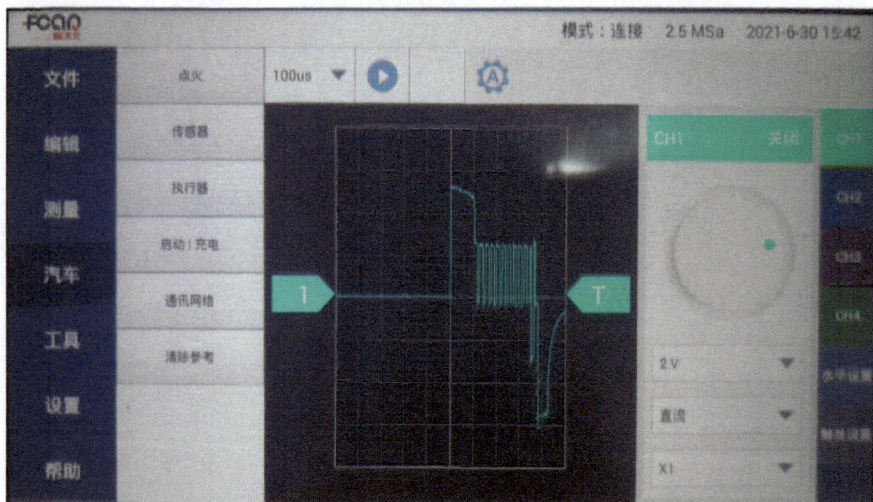

图 5.10　喷油器波形图

引导问题 7：发动机必须满足哪些条件，ECU 才会对喷油器加电工作？

1）同步信号正常。

曲轴／凸轮轴传感器信号≥触发阈值（传感器、气隙、转速）。

相位正确。

2）喷油器能工作。

喷油器驱动正常（触发信号正常、导线良好）。

共轨系统压力超过最小设定值（＞100bar 或 200bar）（低压油路、压力控制执行器）。

3）蓄电池电压超过设定值。

4）无严重故障码。

引导问题 8：什么是同步信号？

同步信号是指凸轮轴位置传感器与曲轴位置传感器检测的发动机状态是一致的，也就是说，当凸轮轴位置传感器检测到1缸压缩上止点时，曲轴位置传感器也同样检测到1缸的压缩上止点，否则为不同步。

诊断仪进入发动机控制系统中，读取曲轴和凸轮轴的同步信号，这项数据后面会显示数字，不同厂家的发动机，数字的含义不一样，表5.1为博世高压共轨系统同步信号数字含义。

表5.1　博世高压共轨系统同步信号数字含义

显示数字	数字含义
2	发动机停止运转或二者之一无信号
35	二者信号不同步
38	没有相位信息可供同步使用
64	系统（发动机控制）正在等待，直至发动机完全停止运转
128	系统（发动机控制）处于应急行驶模式
129	通过冗余传感器系统使发动机工作
130	主传感器系统已出现故障，将通过备用传感器系统继续工作

不同厂家同步信号的标识有所不同，例如：博世EDC7/EDC16国三系统同步信号为48，EDC17国四以上系统同步信号为30；德尔福系统同步信号为1；康明斯系统同步信号为ON。

引导问题9：什么是喷油器QR码？它起什么作用？

很多喷油器都有由一串数字和字母组成的补偿码（也叫修正码、QR码、IMA码等），例如：德尔福3301D的有16位补偿码，5301D的有20位补偿码，电装6222的有30位补偿码，博世的0445110317和0445110293是7位补偿码等。

QR码反映了每只喷油器喷油量与标准喷油器喷油量之间的差别，用以修正共轨系统中不同喷油器之间的差异。

ECU按照这个补偿码给在不同工况下工作的喷油器一个偏移量信号，用来提高各个工况下喷油器的校正精度。QR码包含喷油器中的校正数据，它被写入发动机控制器中。QR码致使燃油喷射量校正点的数目大大增加，从而极大地改善了喷射量精度，其实就是用软件的方法修正硬件制造中的误差。机械制造过程中不可避免地存在着加工的误差，导致成品喷油器各个工作点的喷油量有误差。如果用机加工的方法修正误差，必然造成成本的增加和产量的下降。

如果QR码没有写入ECU或者写入错误，ECU就无法准确地对发动机喷油量和喷油时间进行正确控制。反映到发动机的故障现象可能是怠速发抖、加速时产生敲击声等。

在实际维修过程中，电装、德尔福系统都需要利用诊断设备输入每缸对应的喷油器QR码，博世系统不需要。

【任务分组】

班级		组号		指导教师	
组长		组员			
任务分工	1. 负责在实车上找到喷油器，并用专用工具进行拆装 2. 负责分解并装配喷油器 3. 负责测量喷油器电磁阀电阻 4. 负责利用示波器读取喷油器线束波形				

【工作实施】

本任务主要包含喷油器的拆装及检测、喷油波形的测量。

引导问题 1：实训前的准备工作。

潍柴运行台架 5 台、万用表 5 块、示波器 5 台、诊断仪 5 台、拆装工具 5 套等。

引导问题 2：维修人员自查安全防护是否到位，是否穿工装、劳保鞋等。

引导问题 3：通过实车检查，了解待修车辆的信息。

发动机型号：

发动机 ECU 型号：

行驶里程：

故障现象及故障码：

引导问题 4：所使用的台架或实车上喷油器的编号及类型。

引导问题 5：请记录喷油器电磁阀电阻并判断其好坏。

引导问题 6：请记录发动机怠速时喷油器的波形。

【评价反馈】

检查评估	维修资料、工具、设备的正确使用	A	B	C	D
	操作规范和任务完成情况	A	B	C	D
	任务工单填写	A	B	C	D
	纪律和回答现场提问	A	B	C	D
	团队合作	A	B	C	D
	安全和环保	A	B	C	D
成绩					
评语		教师签字： 日期：			

【单元测试】

1. ECU 通过控制_____的开启和关闭，将高压油轨中的燃油以最佳的喷油定时、喷油量和喷油率喷入到燃烧室。

2. 发动机必须满足_____、_____、_____、_____，ECU 才会对喷油器加电工作。

3. _____反映了每只喷油器_____与_____之间的差别，用以修正共轨系统中不同喷油器之间的差异。

4. QR 码包含喷油器中的_____，它被写入发动机控制器中。

5. 在实际维修过程中，_____、_____系统都需要利用诊断设备输入每缸对应的喷油器 QR 码，_____系统不需要。

项目六 6
后处理系统

项目导读

项目描述	作为未来的专业维修技师，将对发动机后处理部分进行系统性学习。通过本项目 3 个任务的训练，将学会后处理系统的功能及检修，并提升团队协作能力和安全环保意识
项目任务	任务 6.1　SCR 系统故障检修 任务 6.2　EGR 系统故障检修 任务 6.3　国六后处理系统配置路线分析

发动机排放污染物分为气态和固态，气态主要是：一氧化碳（CO）、氮氧化物［NO_x，以等价二氧化氮（NO_2）表达］、碳氢化合物［HC，例如：总碳氢（THC）、非甲烷碳氢（NMHC）、甲烷（CH_4）等气体排放物；固态污染物即 PM（颗粒物质量）和 PN（粒子数量）主要是碳、冷凝的碳氢化合物、硫酸盐水合物。

其中，NO_x 是在高温富氧条件下产生的，颗粒物是在高温缺氧条件下产生的。从二者生成条件可以看出，二者生成的机理恰恰相反，即在降低 NO_x 时必然造成 PM 排放的升高，反之亦然。国六发动机后处理装置的设计和功能，主要就是为了处理这两大类污染物。

后处理系统主要部件见下表。

后处理系统主要部件汇总表

序号	简称	英文全称	中文名称
1	EGR	Exhaust Gas Re-circulation	排气再循环
2	DOC	Diesel Oxidation Catalyst	氧化型催化器
3	DPF	Diesel Particulate Filter	壁流式颗粒捕集器
4	SCR	Selective Catalytic Reduction	选择性催化还原
5	ASC	Ammonia Slip Catalyst	氨气氧化催化器

任务 6.1　SCR 系统故障检修

【情境描述】

一辆 2020 年陕汽德龙 X3000，WP10 发动机，行驶了 10.4 万 km。据用户反映，该车在行驶过程中，发动机油耗增加，并伴随有冒黑烟的现象，故障警告灯亮。维修人员调取故障码为 P0278，SCR 催化剂下游温度传感器电压高于上限，请修复故障车辆。

【学习目标】

1. 能通过与客户交流，获取车辆故障信息，确认故障现象。

2. 知道 SCR 工作原理，能看懂传感器控制电路图，会对电路和元器件进行检测，分析检测结果，作出故障判断，制订维修计划。

3. 能对传感器、执行器和电路进行修复或更换，并能对发动机进行运行测试、检查和评估修复质量。

4. 能确定排放是否超标，并分析故障的可能部位。

【获取信息】

引导问题 1：什么是 SCR？

SCR 是 "Selective Catalytic Reduction" 的首字母缩写，翻译成中文是 "选择性催化还原"，是发动机废气处理的一种方式，在柴油发动机上应用最多。

SCR 选择性催化还原是指在还原剂的作用下与尾气中的氮氧化物（NO_x）反应生成无污染的 N_2 和 H_2O，柴油发动机使用的还原剂一般是尿素溶液。整个过程理解为向尾气中喷入尿素溶液，尿素溶液与废气发生化学反应消除有害物质。

引导问题 2：尿素是怎样减少 NO_x 排放的？

在 SCR 系统中发生的复杂的物理和化学反应包括：尿素溶液的喷射、雾化、蒸发、尿素的水解和热解气相化学反应以及 NO_x 在催化剂表面与 NH_3 发生的催化表面化学反应。

尿素水解：$(NH_2)_2CO + H_2O \rightarrow 2NH_3 + CO_2$

NO_x 还原：$NO + NO_2 + 2NH_3 \rightarrow 2N_2 + 3H_2O$

NH_3 氧化：$4NH_3 + 3O_2 \rightarrow 2N_2 + 6H_2O$

引导问题 3：为什么柴油发动机不用三元催化器处理废气？

汽油发动机因为尾气排放中不含炭烟和颗粒物（PM），可以选择三元催化器等尾气处理装置；柴油发动机尾气中有颗粒物（PM）、氮氧化物（NO_x）等，安装三元催化器的意义不大。

引导问题 4：目前 SCR 系统的生产厂家主要有哪些？

SCR 系统的生产厂家较多，常用的有东风添蓝系统、威孚利达系统、格兰富系统、依米泰克（Emitec）系统、CES 的 FFM 版后处理系统、博世后处理系统、三立后处理系统、天纳克后处理系统、派格力后处理系统等。

引导问题 5：什么是车用尿素？

尿素溶液不是普通的尿素和水混合成的产物。发动机尾气处理中需要用到的尿素溶液是汽车专用的 "柴油机尾气处理液"，俗称为 "尿素" 或 "尿素溶液"。

车用尿素溶液是一种无色、透明的清澈液体，尿素浓度在 31.8% ~ 33.2% 之间。市面上销售较多的产品由 32.5% 高纯度尿素和 67.5% 去离子水组成。

引导问题 6：博世 SCR 系统分类有哪些？

博世 DeNOx 系统在中国市场应用广泛，包括玉柴、潍柴、一汽解放、康明斯等主机厂都选择匹配博世 SCR 系统。

目前，在市场上应用广泛的类型主要分为 DeNOx2.1 和 DeNOx2.2。其中，除玉柴配试的是 DeNOx2.1 之外，其他主机厂都配试的 DeNOx2.2。两种类型的 SCR 系统有较大的不同，其中 DeNOx2.1 的尿素供给泵 SM 和控制器 DCU 集成在一起，采用铝制外壳。而 DeNOx2.2 的车用尿素供给泵 SM 和控制器分开，且尿素泵采用塑料质地外壳。

后处理系统 Denoxtronic 6.5 是博世专为中国、印度等新兴市场开发的清洁柴油技术。新一代产品通过应用全新开发的博世氮氧化物传感器实现了更加出色的排放表现，使用 Denoxtronic 6.5 可减少 95% 的氮氧化物排放量，同时具有 60 万 km 的使用寿命。

可满足国六排放要求的 Denoxtronic 6.5 系统特点：

1）尿素喷射控制单元（Dosing Control Unit，DCU）可集成于博世 EDC17CV 电控单元中，以简化系统，降低成本。

2）氮氧化物转化效率高。

3）有效地降低发动机的油耗。

4）系统在低温环境下可通过自行解冻，以实现正常工作。

5）采用发动机冷却液对喷射阀进行冷却。

6）采用模块化设计，便于在车辆上的安装。

引导问题 7：博世 SCR 系统的工作原理？

当车辆的钥匙开关打到 ON 档时，ECU 开始通电，同时尿素供给单元（计量泵）开始转动，从尿素储存罐中抽吸尿素溶液。控制单元通过传感器获取的发动机转速、负荷等运行参数和催化器温度信号，计算出尿素喷射量，控制喷嘴喷射适量的尿素到排气管内，与柴油机排气进行均匀混合并进行化学反应，净化排气。

引导问题 8：DeNOx2.2 系统组成有哪些？

DeNOx2.2 系统由尿素供给系统、电控系统、化冰装置、催化还原装置等组成（图 6.1）：

1）尿素供给系统（尿素箱、尿素泵、尿素喷嘴及连接管路组成）。

2）电控系统（DCU、NO_x 传感器、排温传感器及连接线路组成）。

3）化冰装置（防冻液电磁阀、尿素罐加热器、尿素管加热器及连接管路组成）。

4）催化还原装置（排气管、催化消声器）。

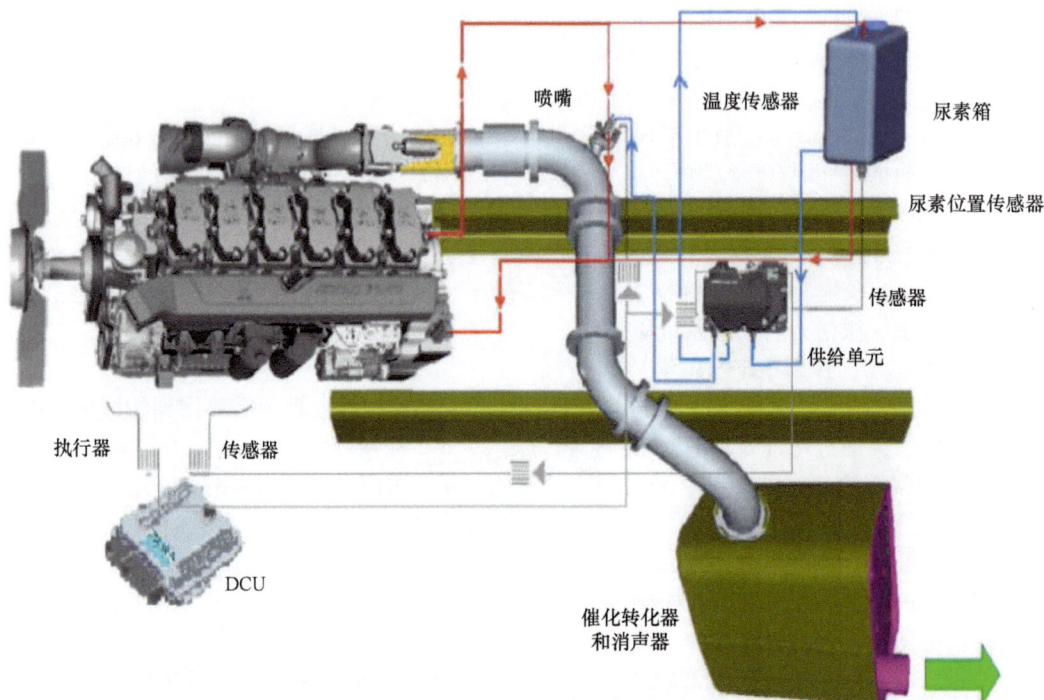

图 6.1　博世 DeNOx2.2 系统组成

引导问题 9：尿素箱在哪里？

尿素箱一般和燃油箱同侧安装，方便尿素加注。但是二者又不能贴在一起，因为电控燃油系统的回油造成燃油箱温度较高，有可能加热尿素，引起尿素性质变化，造成后处理系统不能正常工作。

如图 6.2 所示，左边是燃油箱，右边是尿素箱。

引导问题 10：尿素箱上配有哪些零件？

尿素箱顶部安装了液位温度传感器、水加热接口、尿素溶液进出接口的集成件，如图 6.3、图 6.4、图 6.5、图 6.6 所示。

罐内尿素吸液管入口装有初滤器，以防直径大于 0.1mm 的颗粒进入喷射系统。

图 6.2　尿素箱位置

图 6.3 尿素箱主视图

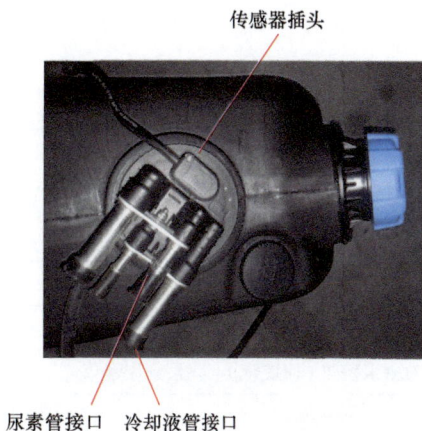

图 6.4 尿素箱局部图

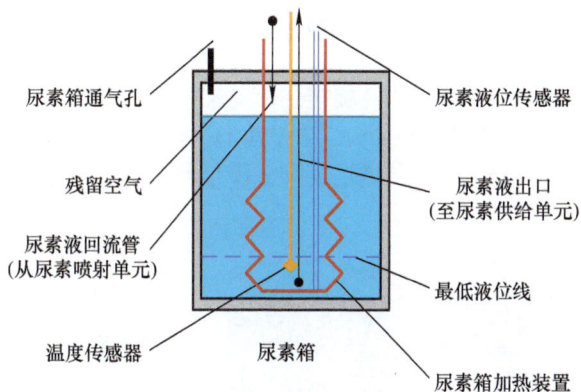

图 6.5 尿素箱原理图

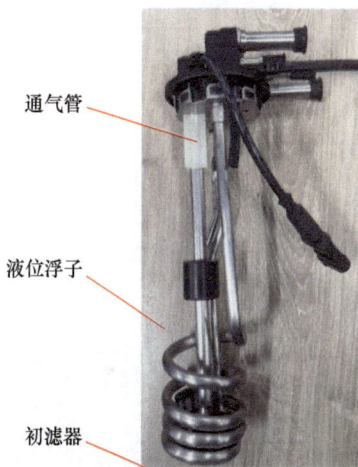

图 6.6 顶部集成件

引导问题 11：尿素箱集成件液位温度传感器是怎么工作的？

尿素液位温度传感器集成了尿素温度和尿素液位传感器，作用是：

1）监测尿素箱内尿素的温度，集成冷却液加热管，在寒冷地区时用于系统的加热解冻，可加热尿素溶液，防止天冷尿素结晶而造成系统故障无法正常工作；尿素温度传感器为 NTC 热敏电阻传感器。

2）检测尿素箱的尿素液位，尿素浮子根据尿素液位的多少而浮动，同时在仪表板上显示尿素的百分比，及时提醒加注尿素溶液。

尿素箱液位传感器采用干簧管原理，它利用磁铁产生的磁场控制干簧管通断的原理，将被测液位的变化转化成电阻、电压信号输出，如图 6.7 所示。

图 6.7 液位传感器干簧管

如图 6.8 所示，液位传感器内部有多组干簧管和电阻，假如浮子移动到 R_3 对应干簧管位置，管内触点接通。电流通过 R_1、R_2、R_3 串联和触点形成回路。

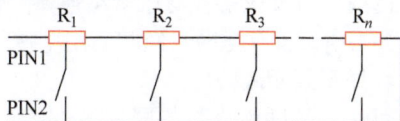

图 6.8 液位传感器等效电路图

引导问题 12：尿素泵由哪些部件组成（见表 6.1 和图 6.9）？

表 6.1　尿素泵组成表

序号	结构名称	功能介绍
1	尿素罐	尿素罐与 OUTLET 相连，用于储存加压后的尿素
2	过热保护电阻	过热保护电阻串联在电加热回路，正常情况下电阻值为 0，当温度过高时自动断开
3	压力传感器	—
4	OUTLET（压力管）	泵到喷嘴
5	INLET（进液管）	尿素箱到泵
6	BACKLET（回液管）	泵到尿素箱
7	换向阀	停车熄火后，倒吸压力管内的尿素溶液，防止尿素残留结晶
8	换向管路	—
9	加热器端口	尿素泵内的加热电阻丝

1. 尿素泵电动机（图 6.10）

尿素泵由 ECU 控制，对尿素供给量进行调节。ECU 根据特定工况来控制电动机运转，以保持 900kPa 的尿素压力。

智能执行器集成在尿素泵中，通过控制无刷直流电动机旋转，使同轴连接的偏心轮带动膜片往复运动，从而控制管路内压力。它不仅可以接受 ECU 以 PWM 形式传来的转速信号，完成电动机的驱动功能，还可以通过 PWM 信号向 ECU 传递温度和故障信号。

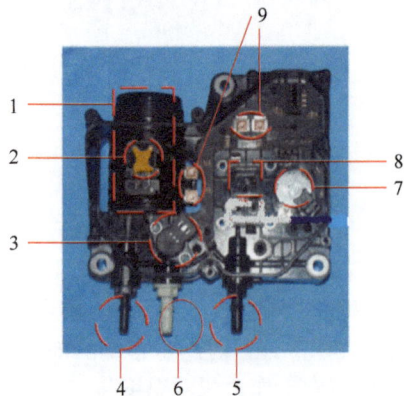

图 6.9　尿素泵剖视图

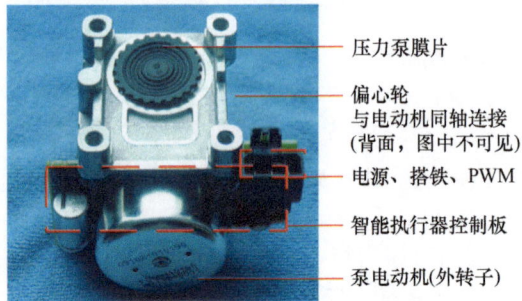

图 6.10　尿素泵电动机

2. 换向阀

换向阀又叫尿素倒吸电磁阀或尿素泵电磁阀，它集成在尿素泵中，由 ECU 控制。在尿素喷射时保持正向流向这时处于不工作的状态，只在倒抽清空时 ECU 才控制电磁阀通过改变拨叉密封圈（也称控制叉，为单向阀）的上下位置来改变尿素流向，此时电磁换向阀控制拨叉让反方向回路接通并关闭正向通道，从而将管内残留的尿素溶液抽回到尿素箱，否则残余的尿素容易形成结晶而堵塞流动路径，甚至导致内部零部件开裂。

3. 尿素泵进液口

进液口通过尿素管与尿素箱连接，把尿素溶液从尿素箱中吸入尿素泵进行建压。在进液管接头当中设置有滤网，经常出现堵塞的故障。

4. 尿素泵回液口

回液口通过回流管与尿素箱连接，回液管为白色，回液管接头当中设置有单向阀，滤网，节流孔。单向阀如果完全堵死，则会造成不烧尿素故障。

5. 尿素泵压力传感器

尿素压力传感器集成在尿素泵中，用于监测尿素系统管路内的液流压力，并将实时压力信号反馈给 ECU。

该信号可以用来控制电动机的转速，实现工作压力的稳定性和对尿素喷射量进行监控，通过压力传感器对压力大小的控制直接决定了尿素喷射量，也将进一步影响尿素催化还原的效果。

引导问题 13：尿素泵建压有哪些条件？

系统正常运行时，打开钥匙后能听到泵运转时发出的短促的声音，计量泵内部开始运转，当发动机起动时，泵进入"起动加注"模式，尿素通过供给管输送，通过回流管回到罐中，这个过程至少持续 30s。当排气温度达到 200℃时，ECU 控制计量泵开始喷射尿素溶液。尿素泵建压必须满足以下条件：

1）无影响尿素泵建压的执行器、传感器、线束等故障。

2）排温超过 200℃。

3）发动机转速大于 550r/min。

4）系统解冻完成（可通过尿素箱温度、环境温度判断）。

5）无尿素管路（进液管、回液管、压力管）堵塞或泄漏，无喷嘴堵塞。

引导问题 14：SCR 反应箱上装有哪些部件，如图 6.11、图 6.12、图 6.13 所示。它们各自的作用是什么？

尿素喷嘴

氮氧化物传感器

传感器

图 6.11　SCR 反应箱左侧　　　图 6.12　SCR 反应箱正面　　　图 6.13　SCR 反应箱右侧

1. 排气温度传感器（图 6.14）

汽车尾气后处理技术中温度是控制其反应的重要指标之一。只有当温度达到指定值时，ECU 发出相应的指令使得尿素溶液适量喷出，并与尾气中的氮氧化物结合反应生成无害的氮气和水。如果温度太低，反应速度将会减慢，有损催化剂的活性，同时由此产生的冷凝还将损坏催化剂。反之，若温度过高尿素溶液可能自行燃烧而不与 NO_x 反应。

DeNOx2.2 系统只有一个两线制的正温度系数电阻传感器，安装在后处理器的上游，用来监测发动机排气温度，测量范围在 −40 ~ 800℃之间。

图 6.14　排气温度传感器

尿素溶液必须加热至160℃以上，才能转换为氨气，在催化器内部与NO_x进行还原反应。当温度低时，尿素溶液在催化器内水分蒸发，导致尿素结晶物堵塞催化器。

2. 氮氧化物传感器（图6.15）

氮氧化物传感器用于测量排气出口NO_x的值。它是由传感器和转换模块组成的，电化学反应的传感器将NO_x的含量变为模拟的信号传给模块，模块将信号直接变为通信信号发到车身CAN总线上。同时，在NO_x传感器总成内部也有自诊断系统，传感器监测自身的工作情况并通过车身CAN总线向ECU汇报是否出现故障。整个NO_x传感器总成是一个整体部件，不允许分解或维修。

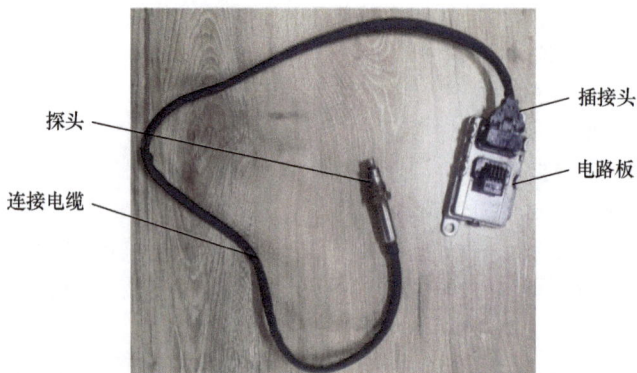

探头
插接头
连接电缆
电路板

图6.15　氮氧化物传感器

氮氧化物传感器的监控过程：当接通点火开关时，NO_x传感器将加热到100℃。约60s之后等待ECU发出一个"露点"温度信号。"露点"温度是指：在这个温度后排气系统内将不会有能损坏NO_x传感器的湿气存在。露点温度被设定为120℃，温度值是参考EGP（带催化器的消声器）的出口温度传感器测出的数值。当传感器接收到ECU发来的露点温度信号后，传感器将自行加热到一定温度（可达800℃），此时如果传感器头接触到水，将会导致传感器损坏。加热到工作温度后，传感器才开始正常的测量工作，传感器将氮氧化物值发送到CAN总线上，发动机ECU通过这些信息对氮氧化物的排放进行监测。如果排气温度降至120℃以下，NO_x监控器将关闭，并将传感器的残余热量保持在100℃。

博世系统中NO_x传感器简称AT101，实质为两个氧传感器。

如图6.16所示，在第一测量室内，尾气中的氧气被泵出，同时在铂金材料上HC、CO、H_2被氧化。第二测量室中，NO_x在催化材料上还原，同时释放出O_2。测量第二测量室产生O_2的量就代表了NO_x含量。

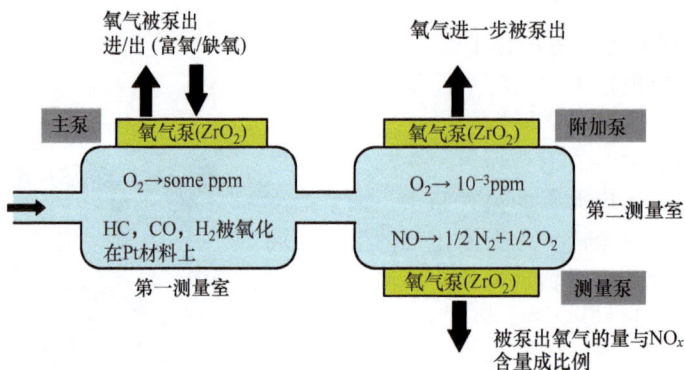

氧气被泵出
进/出（富氧/缺氧）
氧气进一步被泵出

主泵　氧气泵(ZrO_2)　　氧气泵(ZrO_2)　附加泵

$O_2 \to$ some ppm　　　$O_2 \to 10^{-3}$ppm　第二测量室

HC, CO, H_2被氧化
在Pt材料上　　　　　$NO \to 1/2\ N_2 + 1/2\ O_2$

第一测量室　　　　氧气泵(ZrO_2)　测量泵

被泵出氧气的量与NO_x
含量成比例

图6.16　NO_x传感器原理图

引导问题 15：氮氧化物传感器怎么检测？

使用专用尿素泵试验台或诊断仪进行检测，使用万用跳线头（图 6.17）与传感器连接，NO_x 传感器接口如图 6.18 所示。

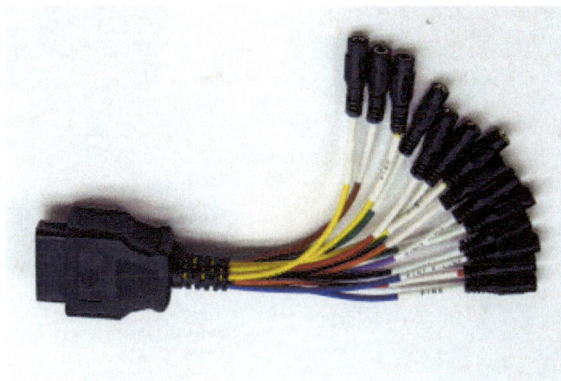

图 6.17　万用跳线头

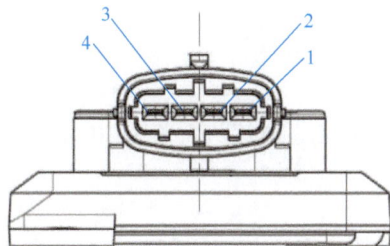

1	CAN高
2	CAN低
3	搭铁
4	电源

a) 4线

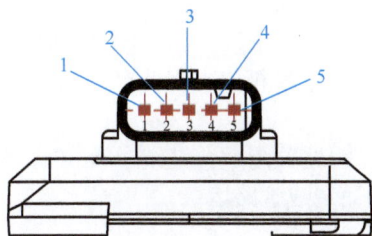

1	电源
2	搭铁
3	CAN低
4	CAN高
5	地址选择

b) 5线

图 6.18　NO_x 传感器接口

万用跳线头 16 号线为 NO_x 供电，4 号线搭铁，6 号线接 CAN 高，14 号线接 CAN 低。

室内理论 ppm 值：0±20ppm，O_2（%）含量 21% 左右，如果大幅超出该数值，说明探头老化。如果测试结果报出故障码，也需要更换探头。

引导问题 16：SCR 系统的温度控制策略是什么，见表 6.2？

表 6.2　SCR 系统的温度控制表

SCR 系统	尿素箱加热	尿素供给单元	尿素管路	喷嘴
DeNOx2.0 系统	发动机冷却液	电加热	电加热或冷却液加热	尿素冷却
DeNOx2.2 系统	发动机冷却液	电加热	电加热	发动机的冷却液维持温度

发动机冷却液的获取与加热系统相同，冷却水管连接到喷嘴冷却水管接头，两个水管接头一进一出，无先后顺序。

1. 尿素箱冷却液加热

由于尿素溶液在气温低于−11℃时会结冰，为了保证系统在低温时的正常使用，系统配置有化冰功能，化冰的热源来源于发动机冷却液。

当电控单元通过尿素箱温度传感器得到尿素温度较低时，发动机冷却液温度达到既定温度，ECU 将打开冷却液电磁阀，如图 6.19 所示。热的发动机冷却液将顺着管道流向尿素箱，使尿素箱中的冰融化。

当环境温度低于预先标定的温度限值时，进回液管将开启电加热。为了避免寒冷天气由

图 6.19　冷却液电磁阀

于管路结冰或尿素结晶带来的问题，SCR 系统在寒冷天气运行过程中也会进行加热，反复打开关闭冷却液电磁阀，保持尿素箱内的液温在一定范围内。

冷却液电磁阀为常闭型电磁阀。当尿素温度低于−8℃时，同时发动机冷却液温度高于55℃时，ECU 控制冷却液电磁阀打开，发动机冷却液对尿素液进行加热。加热到 5℃时停止工作。

工作参数要求：工作环境温度为 −40 ~ 80℃，电流最大值为 10A，输入电压 24V，最小电阻 6Ω（低于 28.5V 时）。

2. 尿素泵及管路电加热

尿素泵和尿素管路电加热方式是 ECU 根据温度传感器判断是否需要加热，加热时开启相应的加热开关，由 24V 电源对需要加热部分的加热元件供电，从而实现对尿素的加热。

引导问题 17：使用 SCR 的注意事项是什么？

博世 DeNOx2.2 系统尿素泵为非压缩空气清洁系统，由于尿素易结晶，车辆熄火之后，尿素泵需要将管路尿素泵内的尿素溶液倒吸回尿素箱内，因此严禁立刻切断整车总电开关，须等待 90s。

康明斯等尿素泵为压缩空气清洁系统，钥匙关闭后会继续运转 30s，利用压缩空气将管路中的尿素溶液吹净，避免因尿素溶液结晶而造成管路堵塞。

【任务分组】

班级		组号		指导教师	
组长		组员			
任务分工	1. 负责在实车上找到 SCR 系统的零部件 2. 负责在实车上找到 SCR 系统的连接管道 3. 负责使用诊断仪读取后处理相关的数据流				

【工作实施】

本任务主要包含 SCR 系统零部件的认知与测量、数据流的读取。

引导问题 1：实训前的准备工作。

国四排放以上运行台架 5 台、万用表 5 块、示波器 5 台、诊断仪 5 台、拆装工具 5 套等。

引导问题 2：维修人员自查安全防护是否到位，是否穿工装、劳保鞋等。

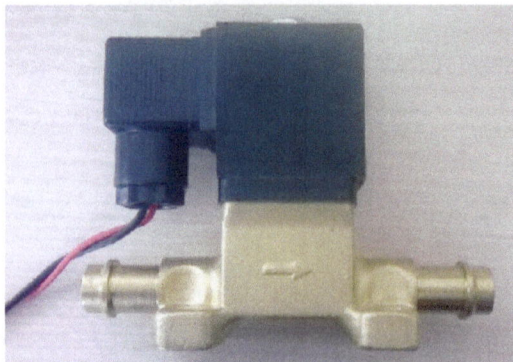

引导问题 3：通过实车检查，了解待修车辆的信息。

厂牌：

厂名：

整车型号：

商标：

VIN：

发动机型号：

发动机最大净功率：

总质量：

整车整备质量：

最大允许牵引质量：

制造日期：

引导问题 4：所使用的台架或实车 SCR 系统的零部件有哪些？它们各自的作用是什么？

引导问题 5：梳理 SCR 系统的连接管道，它们的连接部件有哪些？

引导问题 6：使用诊断仪读取后处理相关的数据流，请记录所读取的信息。

【评价反馈】

检查评估	维修资料、工具、设备的正确使用	A	B	C	D
	操作规范和任务完成情况	A	B	C	D
	任务工单填写	A	B	C	D
	纪律和回答现场提问	A	B	C	D
	团队合作	A	B	C	D
	安全和环保	A	B	C	D
成绩					
评语				教师签字： 日期：	

【单元测试】

1. 目前，在市场上应用广泛的类型主要分为 DeNOx2.1 和 DeNOx2.2。其中，除玉柴配试的是________之外，其他主机厂都配试的________。

2. 尿素温度传感器为________________传感器。

3. 尿素箱液位传感器采用________原理。

4. 尿素泵由 ECU 控制，对尿素供给量进行调节。ECU 根据特定工况来控制电动机运转，以保持________的尿素压力。

5. 排气温度传感器是________________传感器。

6. 露点温度被设定为________。

任务 6.2　EGR 系统故障检修

【情境描述】

一辆跃进货车，配扬柴 YZ4DA2-40 发动机，113kW，行使了 20 万 km。据用户反映，该车在行驶过程中，发动机油耗增加，并伴随有冒黑烟的现象，故障警告灯亮。请修复故障车辆。

【学习目标】

1. 能通过与客户交流，获取车辆故障信息，确认故障现象。

2. 知道电脑控制的 EGR 系统的结构和工作原理，会对电路和元器件进行检测。

3. 能根据 OBD- Ⅱ的 EGR 监测策略分析检测结果，作出故障判断，制订维修计划。

【获取信息】

引导问题 1：什么是 EGR？

EGR 是 Exhaust Gas Re-circulation 的缩写，即废气再循环的简称。废气再循环是指把发动机排出的部分废气回送到进气歧管，并与新鲜混合气一起再次进入气缸。由于废气中含有大量的 CO_2 等多原子气体，而 CO_2 等气体不能燃烧却由于其比热容高而吸收大量的热，使气缸中混合气的最高燃烧温度降低，从而减少了 NO_x 的生成量。

引导问题 2：EGR 的分类。

从结构上划分，有内部 EGR 和外部 EGR 两种系统，区别在于废气是否通过进气系统进入缸内。

1. 内部 EGR 技术

内部 EGR 技术结构简单，不需要外部设备，一般情况下通过改变配气相位就可以实现，等同于提高缸内的残余废气系数。但是缸内的气流运动十分复杂，在不同工况下气流运动规律也不一样，所以这种实现废气再循环的方式很难控制 EGR 率；而且这种直接引入的方式，废气没有经过冷却，很大程度上提高了混合气温度，使降低 NO_x 排放的效果不够明显。

实现内部 EGR 通常有两种方法：废气残余法和废气再吸法。这两种方法在原理上是类似的，策略上有所不同。

2. 外部 EGR 技术

外部 EGR 技术是在排气系统上接入废气再循环管路，将废气引出再导入进气系统中，让废气在进入气缸之前与新鲜空气充分混合。外部 EGR 和内部 EGR 相比，结构要复杂得多，通常带有 EGR 阀、EGR 冷却器，还有一些特殊管路及附带的控制单元，也正是如此，外部 EGR 可以实现对废气的诸多参数的精确控制，从而最大程度实现 EGR 的作用。

引导问题 3：柴油车采用的是哪种 EGR 系统?

柴油车采用的是外部系统，即排气管与进气管之间用一个管路连通，管路中安装一个阀控制废气进入量。下面主要利用扬柴 YZ4DA2-40 发动机讲解外部 EGR 系统，如图 6.20 所示。

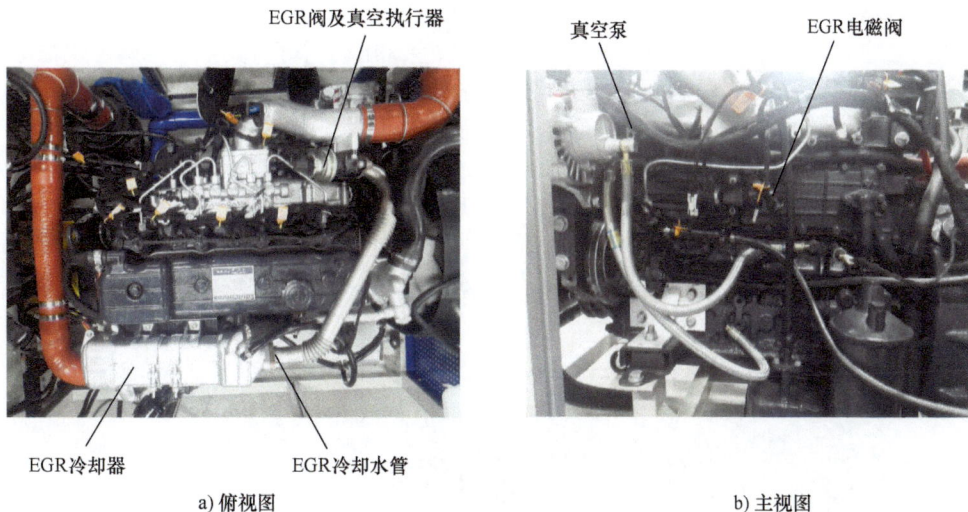

a) 俯视图   b) 主视图

图 6.20 扬柴 YZ4DA2-40 发动机

引导问题 4：EGR 系统冷却通过 EGR 引入的废气，为什么需要冷却呢？

因为废气温度很高，如果不经过冷却，直接引入气缸，会降低新鲜空气的充气效率，减少发动机的动力输出。

试验证明，把再循环的排气加以冷却，即采用所谓冷 EGR，可使进入缸内的新鲜空气的损失减少，从而避免了大负荷燃油经济性和排气烟度的恶化。如果不降低引入的废气温度，会造成排气温度上升，而 DOC 的工作温度在 200 ~ 300℃之间，如果排气温度 > 350℃，将导致大量硫酸盐生成。

EGR 冷却器可以用柴油机的冷却液冷却，但是冷却效果有限，最好是用空气直接冷却。现已成功投产的 EGR 冷却器，可在不同工况下，使 EGR 温度下降 50 ~ 150℃，使 NO_x 下降 10% 左右。

引导问题 5：外部 EGR 系统工作原理。

发动机 EGR 系统包括发动机控制模块（ECU）、传感器和执行器，如图 6.21 所示。

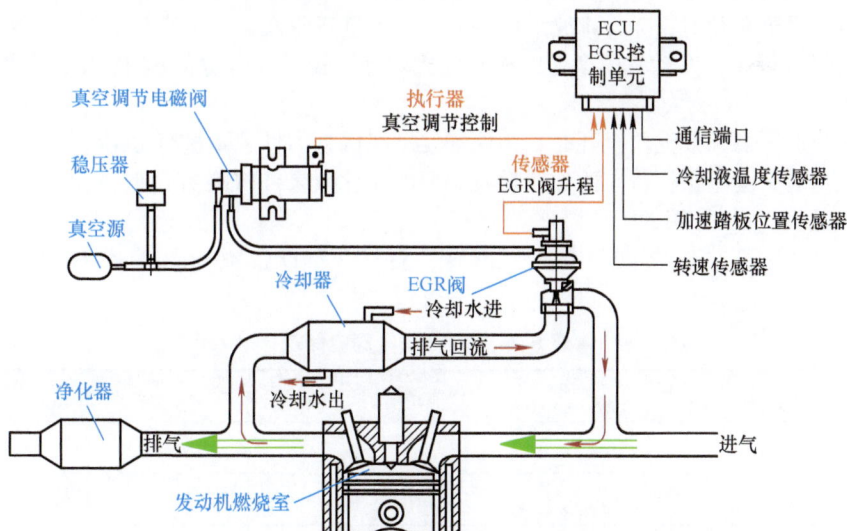

图 6.21 外部 EGR 系统结构图

与 EGR 系统相关的传感器一般包括发动机冷却液温度传感器、节气门位置传感器和曲轴位置传感器等，有的 EGR 系统还带 EGR 阀位置传感器。

执行器主要包括真空电磁阀、线性电磁阀或数字式电磁阀等。真空电磁阀、线性电磁阀和数字式电磁阀分属三种不同控制方式的 EGR 系统。

引导问题 6：真空电磁阀是怎样受 ECU 控制的？

扬柴 YZ4DA2-40 采用真空电磁阀。ECU 通过起动信号、加速踏板位置、发动机转速及发动机温度等信号来判断发动机是否处于中小负荷工况。如果发动机处于中小负荷工况，ECU 控制真空电磁阀打开，真空负压施加在 EGR 阀膜片上部空间，EGR 阀打开废气通道，废气进入进气歧管。进入燃烧室的废气量约占进气总量的 6%～10%。EGR 系统工作如图 6.22 所示。

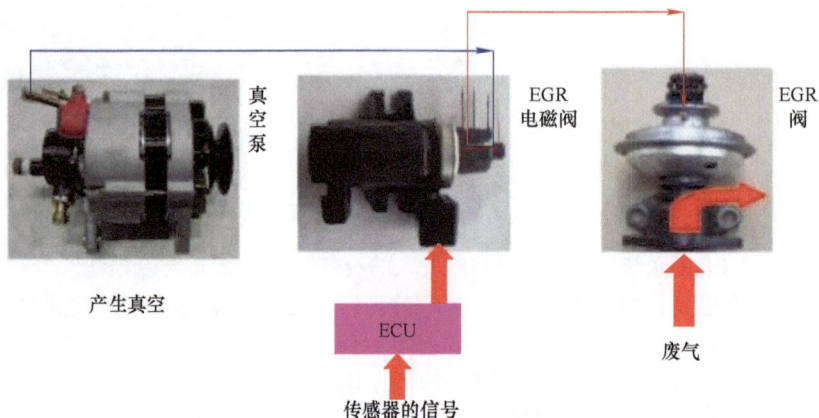

图 6.22　EGR 系统气路图

引导问题 7：EGR 系统什么时候不工作？

EGR 系统通过降低燃烧室的温度来减少氮氧化物的生成量，同时也会降低发动机的输出功率。为了不影响发动机正常运转和大负荷的要求，EGR 系统一般在怠速、冷机以及油门全开时停止工作。

具体工况控制原则如下：

1）随着负荷的增加，EGR 的量也相应地增加，并能达到最佳值。

2）怠速及低负荷时，NO_x 排放浓度较低，为保证正常燃烧，不进行 EGR。

3）暖机过程中，发动机温度低，NO_x 排放浓度也较低，为防止 EGR 恶化燃烧过程，不进行 EGR。

4）大负荷、高速或油门全开时，为保证发动机的动力性，不进行 EGR。

5）加速时，为了保证汽车的加速性及必要的净化效果，EGR 在过渡过程中起作用。

引导问题 8：EGR 阀的工作原理。

EGR 阀分为真空 EGR 阀和电动 EGR 阀。扬柴 YZ4DA2-40 采用真空 EGR 阀。其电路见表 6.3。

表 6.3　真空 EGR 阀电路表

ECU 端	传感器端	作用
A22	A	供电
A12	C	信号
A40	B	搭铁

ECU 根据传感器信号确定 EGR 率，确定 EGR 电磁阀中脉冲信号的占空比，占空比越大，EGR 电磁阀打开时间越长，则真空阀真空度越大，EGR 阀开度越大，EGR 率越大；反之，EGR 电磁阀中脉冲信号占空比越小，EGR 率越小，如图 6.23 所示。

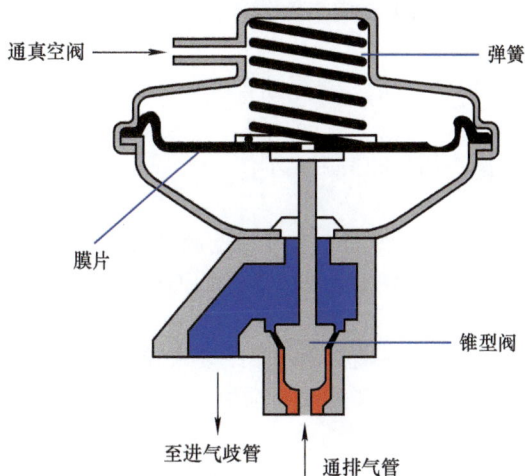

通真空阀　　　　弹簧

膜片

锥型阀

至进气歧管　　　通排气管

图 6.23　EGR 电磁阀

引导问题 9：EGR 系统异常导致的故障。

1）EGR 阀不能开启或废气流动受到阻碍，则可能会出现以下故障：

① 车辆加速行驶时，会出现"砰"或"咻"的声音。

② 氮氧化物 NO_x 超标。

2）EGR 阀在打开时产生卡滞现象或始终处于部分开启状态，则可能会出现以下故障：

① 发动机怠速不稳或经常停机。

② 发动机运转不稳、功率降低。

③ 发动机冒黑烟。

3）EGR 阀积炭结胶、积炭，则可能会出现以下现象：

① EGR 无法回位。

② 动力下降。

③ 难起动。

如果怀疑是 EGR 系统导致的上述现象，可以尝试堵住 EGR 出气孔，强制关闭 EGR，再试车。

引导问题 10：现阶段 SCR 系统与 EGR 系统对比，它们的优缺点有哪些？

对发动机尾气处理常用的有两条技术路线，一条是以欧洲技术为主的 SCR 系统，另一条是以美国技术为主的 EGR+DOC 系统。它们各有优缺点。

1. SCR 系统的优点

1）尾气处理效果好，排放容易达标。

2）油耗低，相比 EGR 系统可以节油 5%～7%。

3）动力输出不受影响。

4）无须改动发动机结构，发动机结构较简单。

5）对燃油质量要求较低，一般要求燃油含硫量在 0.03% 以下。

2. SCR 系统的缺点

1）结构复杂、安装空间较大。

2）需要使用排气处理液，增加了用户成本。

3）控制策略复杂，对维修技术要求高。

4）尿素溶液易结晶，导致管路或排气处理器堵塞。

3. EGR 系统的优点

1）EGR 结构简单、安装空间小、成本低。

2）控制策略及方法较简单。

3）对燃油含硫量要求较高，一般要求燃油含硫量在 0.005% 以内。

4）维修方便。

5）无须排气处理液，减少用户的使用成本。

4. EGR 系统的缺点

1）对排放达标控制难度大，特别是对发动机的源排放要求较高。

2）发动机动力有损失，油耗增加，如果采用 EGR+DOC+DPF，最大油耗可增加 10% 左右。

3）由于需要对 EGR 冷却，对发动机冷却系统要求较高。

4）对增压器要求较高，由于 EGR 有功率损失，为了弥补发动机功率损失，就需要较高的增压系统，甚至采用二级增压系统。

5）对发动机润滑系统要求较高，需要较高级别的机油。

6）对缸套摩擦副要求较高。

7）冷起动困难，各工况不均衡。

【任务分组】

班级		组号		指导教师	
组长		组员			
任务分工	1. 负责在实车上找到 EGR 系统的零部件 2. 负责在实车上找到 EGR 系统的连接管道 3. 负责使用诊断仪读取后处理相关的数据流				

【工作实施】

本任务主要包含 EGR 零部件的认知与检测、数据流的读取。

引导问题 1：实训前的准备工作。

国四排放以上运行台架 5 台、万用表 5 块、示波器 5 台、诊断仪 5 台、拆装工具 5 套等。

引导问题 2：维修人员自查安全防护是否到位，是否穿工装、劳保鞋等。

引导问题 3：通过实车检查，了解待修车辆的信息。

厂牌：

厂名：

整车型号：

商标：

VIN：

发动机型号：

发动机最大净功率：

总质量：

整车整备质量：

最大允许牵引质量：

制造日期：

引导问题 4：所使用的台架或实车 EGR 系统的零部件有哪些？它们各自的作用是什么？

引导问题 5：梳理 EGR 系统的连接管道，它们的连接部件有哪些？

引导问题 6：使用诊断仪读取后处理相关的数据流，请记录所读取的信息。

【评价反馈】

检查评估	维修资料、工具、设备的正确使用	A	B	C	D
	操作规范和任务完成情况	A	B	C	D
	任务工单填写	A	B	C	D
	纪律和回答现场提问	A	B	C	D
	团队合作	A	B	C	D
	安全和环保	A	B	C	D
成绩					
评语				教师签字： 日期：	

【单元测试】

1. EGR 是 Exhaust Gas Re-circulation 的缩写，即_____的简称。

2. 从结构上划分，有_____和_____两种系统，区别在于废气是否通过进气系统进入缸内。

3. EGR 系统通过降低燃烧室的温度来减少_____的生成量，同时也会降低发动机的_____。

4. 为了不影响发动机正常运转和大负荷的要求，EGR 系统一般在_____、_____以及油门全开时停止工作。

5. EGR 阀分为_____和_____。

任务6.3 国六后处理系统配置路线分析

【情境描述】

一辆大运新 N8E 重型货车，配潍柴 WP10H400E62 发动机，法士特 12JSD200TA-B 变速器，行驶了 10 万 km。据车主反映，该车在行驶过程中，车速被限制在 20km/h 以内，并且驾驶人报警系统指示灯（DWL）点亮。请修复故障车辆。

【学习目标】

1. 能通过与客户交流，获取车辆故障信息，确认故障现象。
2. 知道主流厂家国六后处理系统的结构和工作原理，会对电路和元器件进行检测。
3. 能根据 OBD-Ⅱ 的监测策略及驾驶人报警系统进行分析检测结果，作出故障判断，制订维修计划。

【获取信息】

引导问题1：主流厂家国六后处理配置路线有哪些？

后处理配置路线又称为后处理系统组合。不同厂家出于设计及配置方案不同，会采用不同的后处理技术以及模块，目的都是为了实现减少颗粒物以及降低 NO_x 含量。

常见的后处理系统组合有：

1）EGR + DPM + DOC + DPF + SCR + ASC（图6.24）

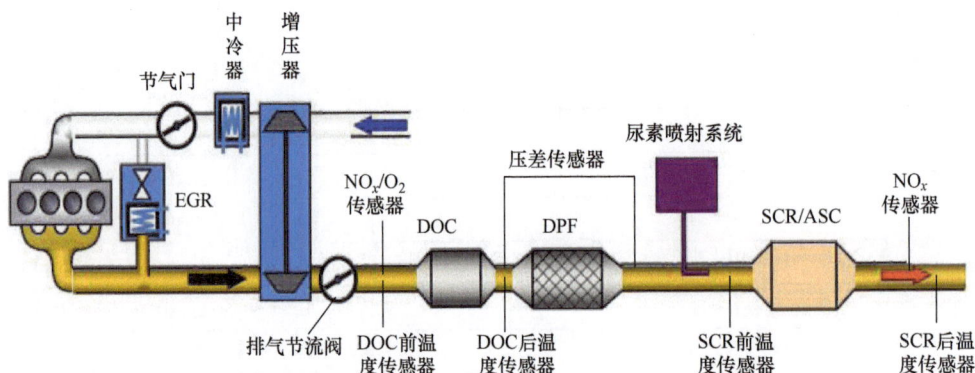

图6.24 EGR + DPM + DOC + DPF + SCR + ASC 组合图

2）EGR + HCL（燃油计量喷射系统）+ DOC + DPF + SCR + ASC（图6.25）
3）大陆 ECU + 博世燃油系统 + EGR + DPF（后喷）+ SCR（气驱）
4）大陆 ECU + 电装燃油系统 +EWG（电控废气控制阀）+ DPF（后喷）+ Hi-SCR（气驱）
5）（无 / 低 EGR + DOC + DPF）+ SCR + ASC + DPF（后喷）+ Hi-SCR（气驱）

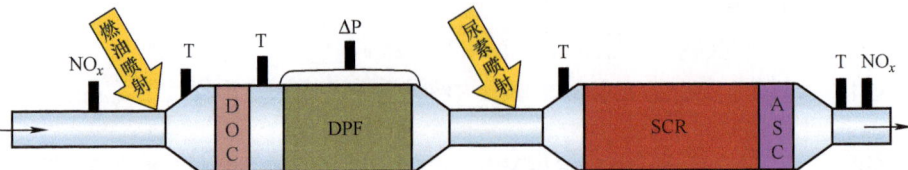

图6.25 EGR + HCL（燃油计量喷射系统）+ DOC + DPF + SCR + ASC 组合图

引导问题2：什么是 DOC？

DOC 是一种氧化催化器，DOC 可以氧化部分 PM 中的炭颗粒。DOC 作为 POC/DPF 催化器的前级将 NO 氧化成 NO_2，提高 POC/DPF 的入口温度，NO_2 用来氧化炭颗粒。

DOC 可有效地降低 HC 和 CO，去除 PM 颗粒物中的部分 SOF，降低 PM 颗粒物效率可达到 40%~50%。DOC 一般以金属铂和钯为催化剂，因此对燃油中的硫非常敏感，如果柴油中含硫量高，极容易造成 DOC 硫中毒。

在国六系统中，DOC 至关重要，主要作用有：

1）降低 HC 排放，将尾气中未燃烧的 HC、机油 HC 氧化为 H_2O、CO_2。

2）作为 SCR 的催化剂的前级将 NO 氧化为 NO_2，增加 SCR 催化剂的还原性能，NO_2 将 DPF 里面的炭颗粒氧化为气态的 CO_2。

3）氧化喷入排气管的燃油：氧化柴油放热使 DPF 温度升高，DPF 内炭颗粒与氧气反应生成 CO_2。

作为 DPF 再生的前级，提高 DPF 再生温度：

被动再生时，作为前级将 NO 氧化为 NO_2 提高再生温度，NO_2 氧化炭颗粒。

主动再生时，在开启后喷（加热模式）时，对发动机排出的 HC 发生氧化反应，释放热量，提升 DPF 再生温度（250℃起燃，后端温度可达 550℃）。

引导问题 3：什么是 DPF？

DPF 全称颗粒捕捉器（Diesel Particle Filter），同 POC 一样主要用于发动机尾气的颗粒捕集，DPF 通常配合 EGR 废气再循环装置，安装在柴油机的排气管 DOC 下游，如图 6.26 所示，对排气中的大微粒（5μm）通过碰撞、拦截的方式进行捕集，对小于 100nm 的小微粒通过扩散方式进行捕集，这使 DPF 的颗粒捕集效率高达 95%。

整车的功能实现主要有两部分，即炭颗粒的捕集和炭颗粒的反应、处理。

DPF 采用壁流式过滤通道，内部由很多细小的孔道组成，相邻孔道一端出口封闭，一端入口封闭，孔道壁面有微孔，可使气流通过，如图 6-27 所示。

图 6.26 DPF 内部结构图

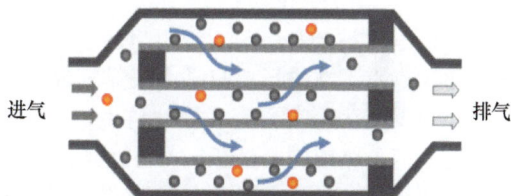

图 6.27 DPF 原理图

壁流式是指排气出口封闭，排气只能强制从每个通道的壁面小孔互相"渗透"，同时捕集经过的微粒，这样相对于 POC 的直通式的捕集器效率会更高。

引导问题 4：什么是 DPF 再生？

DPF 作为一种捕集器，在长久使用的情况下，被捕集的颗粒物会附在 DPF 载体中，无法进行完全的燃烧，甚至会造成 DPF 堵死。再生就是清除 DPF 内部炭颗粒物的过程，使 DPF 恢复对炭烟颗粒物的拦截能力。

随着 DPF 的使用，这些物质会不断堆积堵塞 DPF，造成发动机限矩、动力下降、油耗上升，甚至直接损坏 DPF 总成。因此，需要定期通过专业的清洁流程进行处理。

DPF 捕集的这些炭烟颗粒以主动或被动再生的方式，会在载体内部被燃烧掉，转变成少量灰分物质。这些灰分是一种不可燃烧的物质，主要构成是机油添加剂的化学成分，如钙、硫、锌及磷的化合物。

1. 被动再生（图 6.28）

将 NO 在 DOC 中氧化为 NO_2，NO_2 比 O_2 活跃，在 250~450℃时氧化炭颗粒，是低速的再生过程。

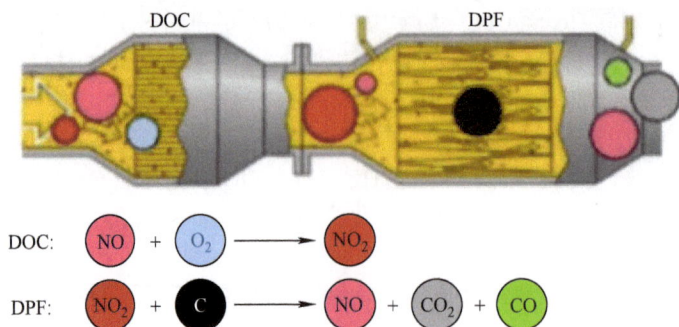

$$DOC: \quad NO + O_2 \longrightarrow NO_2$$

$$DPF: \quad NO_2 + C \longrightarrow NO + CO_2 + CO$$

图 6.28　被动再生原理图

2. 主动再生（图 6.29）

实际运行工况时，排气温度达不到被动再生条件（排气温度 250～450℃），需通过喷油在 DOC 中发生氧化反应，将排气温度提高到 550℃以上，使炭燃烧氧化反应生成 CO_2。

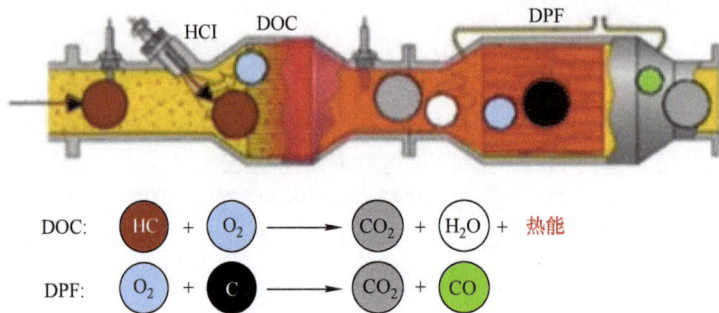

$$DOC: \quad HC + O_2 \longrightarrow CO_2 + H_2O + \text{热能}$$

$$DPF: \quad O_2 + C \longrightarrow CO_2 + CO$$

图 6.29　主动再生原理图

引导问题 5：被动再生与主动再生的区别。

被动再生一直都在进行，只是由于排气温度不同，被动再生的速度有所不同而已。

主动再生又分为行车再生和原地再生，其中行车再生为在发动机运行到中负荷时自动执行；例如跑高速公路或国/省道，发动机都会自动执行行车再生。

而在城市工况、堵车等低速低负荷工况运行一段时间后，需要驾驶人停车后按动车上的再生按钮来执行再生，通常当再生指示灯点亮后就可以执行原地再生。

被动再生：不需要人为干预；主动再生：需要人为干预。

引导问题 6：为什么需要 DPF 再生？

DPF 内收集的柴油机尾气炭粒核心外面含有因发动机燃烧不完全产生的聚合物。发动机燃烧越不充分，燃油和机油品质越低，就越容易产生更多的聚合物。含有机油或燃油添加剂元素的盐分被阻挡在 DPF 内，其主要成分为钙盐、硫酸盐、含锌的盐以及磷酸盐，进而导致 DPF 产生严重堵塞，影响车辆正常使用。

由于 DPF 的结构设计特殊，使用一段时间后，DPF 上的干炭烟和有机物再生后会生成灰分（主要为机油灰分和硫酸盐灰分），灰分不能主动清除，累积到一定程度需要人工清除。

颗粒物在 DPF 孔道及表面聚集，发生 DPF 堵塞现象，当发动机高转速运行时，排气量较大，DPF 进气端压力瞬间升高，导致 DPF 载体被迫向排气方向发生位移，衬垫随之移位甚至发生衬垫破裂及 DPF 载体穿孔等现象。

因此应及时解决 DPF 孔道堵塞问题，同时应避免在 DPF 封端施加高压，避免发生载体位移、衬垫损坏及 DPF 穿孔等不可逆损坏。

引导问题 7：与 DPF 相关的故障灯。

1）DPF 指示灯——如果点亮，则应进行静止再生（车辆可以继续行驶，应尽早处理）

2）高排温指示灯——用于显示正在进行主动再生，排气温度较高。仅为提供安全警告信息，无需驾驶人采取措施。

3）黄色报警指示灯——和 DPF 指示灯联用，表示需要进行维护，同时发动机功率会降低。

4）红色停机指示灯——和 DPF 指示灯联用。一直点亮表示需立即进行停机维修。发动机功率会严重下降。一直闪烁，30s 后发动机自动停机。

5）静止再生开关——用于启动静止再生。主动再生无法完全处理炭烟时进行。

引导问题 8：DPF 指示灯又叫再生指示灯，也分等级（表6.4），怎么识别？

表 6.4　DPF 指示灯分级表

堵塞状况	指示灯状态		是否降扭	发动机自动执行的操作	需要的操作
	故障指示灯	OBD 灯			
低度堵塞		—	否	在行驶中会自动再生	原地再生或高速运转发动机
中度堵塞		—	中度降扭	在行驶中会自动再生	尽快原地再生
重度堵塞	SVS		严重降扭	在行驶中会自动再生	必须原地再生
完全堵塞			30s 后停机	禁止再生	无法再生，进站维修

引导问题 9：什么是 DPF 原地再生？

当再生指示灯点亮或闪烁时，在安全前提下请务必就近停车，拉起驻车制动手柄，保持发动机怠速，按下原地再生开关（图6.30），执行发动机原地再生，需要 30 ~ 45min。

原地再生时，发动机转速有明显升高（1500r/min），待发动机自动恢复至怠速后，再生指示灯熄灭后可以正常行驶。

再生过程中不允许对发动机有任何操作，包含：踩离合器踏板、制动踏板、加速踏板；按巡航和动力输出（PTO）开关、空调开关、禁止再生开关等。

如果再生指示灯熄灭，熄灭发动机等待 5min 后，连续执行三次点火循环，即可熄灭 OBD 故障指示灯。

注意事项：再生期间涡轮增压器会发出轻微的"突突"声。这属于正常现象。

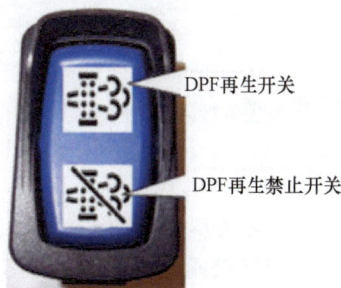

DPF再生开关

DPF再生禁止开关

图 6.30　DPF 开关

引导问题 10：什么是 ASC？

氨逃逸催化器（ASC）在载体内壁使用贵金属等催化剂涂层。一般装在 SCR 后端，通过催化氧化作用降低 SCR 后端排气中泄漏出的氨（NH_3）的装置。

ASC 主要作用：

第一步：将过量的 NH_3 氧化为 N_2、N_2O、NO_x。

第二步：催化 NO_x、NH_3 反应为氮气 N_2。

引导问题 11：国六后处理系统新增的零部件有哪些？

1. DPF 压差传感器（图 6.31）

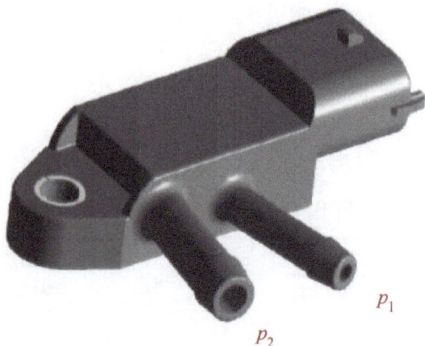

图 6.31　压差传感器

通过传感器内部压电转换膜片将压力信号转换为电压信号输出给 ECU，ECU 通过传感器反馈的压差值判断 DPF 是否被拆除或堵塞。

DPF 上游的引气管连接在压差传感器的高压端 p_2，DPF 下游的引气管连接在压差传感器的低压端 p_1，DPF 压差 $p = p_2 - p_1$，如图 6.32 所示。

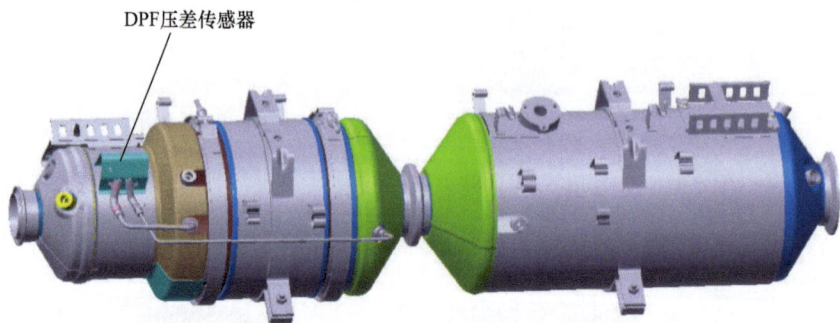

图 6.32　DPF 压差传感器位置图

2. 尿素品质传感器

通过测量液体声速、液体温度，利用传感器内部计算方法计算出液体浓度，测量精度 ±1%。

尿素品质传感器还能监测液体液位、温度，将信号通过 CAN 通信发送给 ECU。

3. 进气节流阀（图 6.33、图 6.34）

进气节流阀开度由 ECU 控制，和汽油机的节气门相同，控制空燃比、增加节流损失、提高排气温度。

4. DPM 单元（图 6.35、图 6.36）

在发动机再生模式下，MU 单元接收 ECU 控制信号，打开 DV 阀、SV 阀，将高压燃油喷入排气管中，使其在 DOC 内氧化放热，进一步提高 DOC、DPF 内温度，促使炭颗粒与 O_2 反应，减少碳排放。

图 6.33 进气节流阀

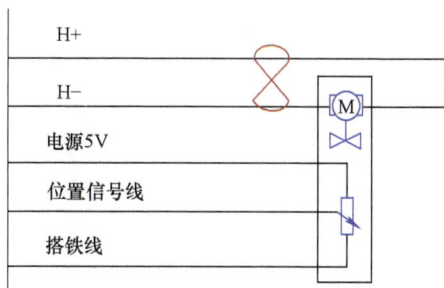

图 6.34 进气节流阀电路图

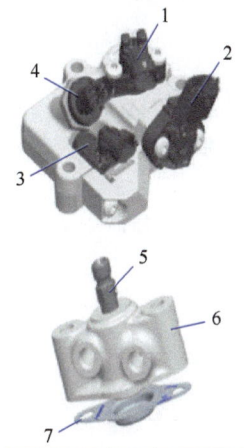

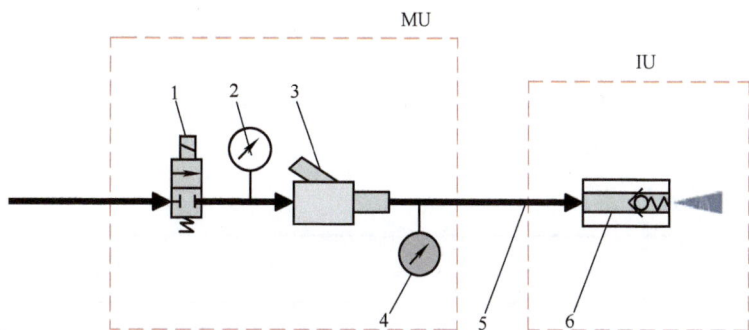

图 6.35 DPM 单元

1—SV 阀（关断阀） 2—上游压力温度传感器 3—DV 阀（喷射阀）
4—下游压力传感器 5—燃油进油管接头 6—阀体 7—衬垫

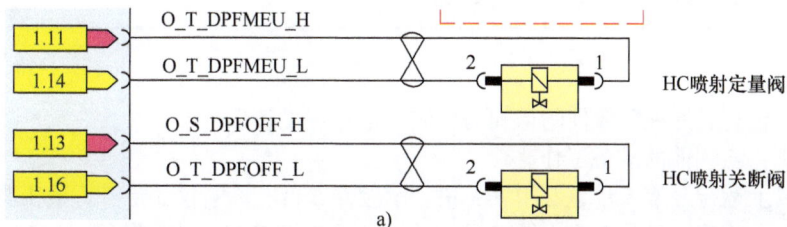

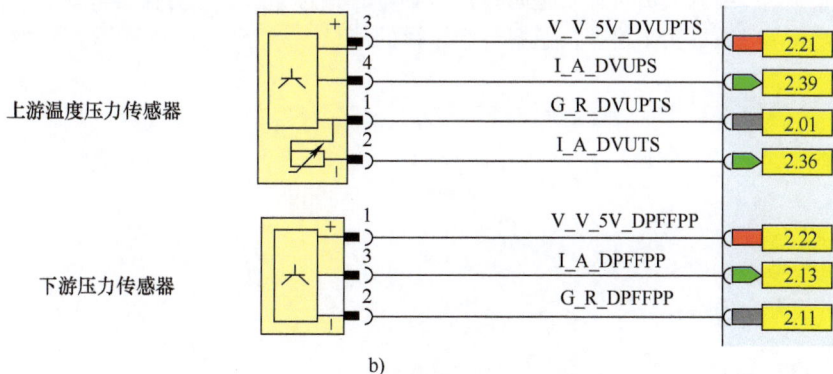

图 6.36 DPM 单元电路图

引导问题 12：为了达到国六排放标准设定的目标，还增设了哪些传感器？

国六后处理系统上集成有 4 个温度传感器、2 个 NO_x 传感器；国五只有一个 SCR 前排气温度传感器和 SCR 后氮氧传感器，如图 6.37 所示。

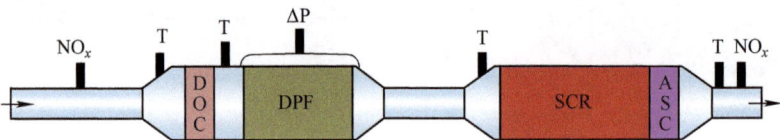

图 6.37   国六后处理传感器位置图

4 个温度传感器，分别位于 DOC 前、DPF 前、SCR 前、SCR 后。

1）DOC 前排气温度传感器用于测量 DOC 前的排气温度，作为可进行主动再生的判定条件。

2）DPF 前排气温度传感器用于监控 DPF 再生时的温度，判定再生是否正常。

3）SCR 前排气温度传感器用于测量 SCR 前的排气温度，控制尿素喷射特性。

4）SCR 后排气温度传感器用于测量 SCR 后的排气温度，更加准确地反映 SCR 的反应温度。

SCR 前氮氧传感器用于测量发动机原排的氮氧化物含量；SCR 后氮氧传感器用于测量发动机尾气的氮氧化物含量。

【任务分组】

班级		组号		指导教师	
组长		组员			
任务分工	1. 负责在实车上找到后处理系统的零部件 2. 负责在实车上找到后处理系统的连接管道 3. 负责使用诊断仪读取后处理相关的数据流				

【工作实施】

本任务主要包含后处理零部件的认知与检测、数据流的读取。

引导问题 1：实训前的准备工作。

国四排放以上运行台架 5 台、万用表 5 块、示波器 5 台、诊断仪 5 台、拆装工具 5 套等。

引导问题 2：维修人员自查安全防护是否到位，是否穿工装、劳保鞋等。

引导问题 3：通过实车检查，了解待修车辆的信息。

厂牌：

厂名：

整车型号：

商标：

VIN：

发动机型号：

发动机最大净功率：

总质量：

整车整备质量：

最大允许牵引质量：

制造日期：

引导问题 4：所使用的台架或实车 EGR 系统的零部件有哪些？它们各自的作用是什么？

引导问题 5：梳理后处理系统的连接管道，它们的连接部件有哪些？

引导问题 6：使用诊断仪读取后处理相关的数据流，请记录所读取的信息。

【评价反馈】

检查评估	维修资料、工具、设备的正确使用	A	B	C	D
	操作规范和任务完成情况	A	B	C	D
	任务工单填写	A	B	C	D
	纪律和回答现场提问	A	B	C	D
	团队合作	A	B	C	D
	安全和环保	A	B	C	D
成绩					
评语				教师签字： 日期：	

【单元测试】

1. 后处理配置路线又称为后处理系统组合。不同厂家出于设计及配置方案不同，会采用不同的后处理技术以及模块，目的都是为了实现减少_____以及降低_____。

2. DOC 是一种氧化催化器，DOC 可以氧化_____。

3. DPF 全称_____，同 POC 一样主要用于发动机尾气的颗粒捕集，DPF 通常配合 EGR 排气再循环装置，安装在柴油机的排气管_____下游。

4. _____，就是清除 DPF 内部炭颗粒物的过程，使 DPF 恢复对_____的拦截能力。

5. _____在 250～450℃时氧化炭颗粒，是低速的再生过程。

6. 主动再生又分为_____和_____。

7. _____通过催化氧化作用降低 SCR 后端排气中泄漏出的氨（NH_3）的装置。

8. 在发动机再生模式下，MU 单元接收 ECU 控制信号，打开_____、_____，将高压燃油喷入排气管中，使其在_____氧化放热。

项目七 通信网络 **7**

项目导读

项目描述	作为未来的专业维修技师，将对通信网络进行系统性学习。通过本项目3个典型工作任务的训练，将学会通信网络相关的基本知识及检测方法，并提升团队协作能力和安全环保意识
项目任务	任务 7.1 通信网络故障检修 任务 7.2 ECU 数据刷写 任务 7.3 NO$_x$ 传感器的检测

随着电子控制技术的发展，为提高汽车性能，汽车上的电控系统不断增多，导致汽车上的线路也越来越复杂。为满足不同电控系统之间快速可靠地分享数据信息，减少汽车线路复杂性，车辆通信网络应运而生。汽车通信网络和传统汽车上控制模块和传感器之间点对点的连接方式相比具有以下优点：

1）减少传感器和信号线数量。

2）大大减轻线束的重量。

3）减少控制模块插接器的插头。

4）提高可靠性和可维修性。

汽车网络是指借助双绞线、同轴电缆或光纤等通信介质，将车内众多控制模块联结起来，使若干的传感器、执行机构和控制模块共用一个公共的数据通道，通过某种通信协议，在网络控制器的管理下共享传输通道和数据。控制模块并联在网络上，既可以向网络上发送其他模块需要的信息，也可以从网络上接受自身需要的信息，信息的优先级别由网络控制器控制。这些传输的信息好像公交汽车在公路上行驶，因此把这种网络形象地称之为 CAN 总线（Controller Area Network Bus），即控制局域网总线。

任务 7.1 通信网络故障检修

【情境描述】

一辆陕汽 X3000，配潍柴发动机 EDC17CV44 电脑板，故障指示灯常亮。技术经理安排维修技师进行维修。经过诊断仪读取，故障码为 P0030 CAN 节点 A 总线错误。请结合所学知识进行故障确认后维修。

【学习目标】

1.能通过与客户交流、查阅相关维修技术资料等方式，获取车辆故障信息。

2.能利用故障诊断仪进系统并读取故障码。

3.能结合通信网络的相关知识进行相应地检测并修复。

【获取信息】

引导问题 1：车辆通信网络有哪些？

目前常见的汽车网络有控制器局域网（Controller Area Network，CAN）、内部互联网络（Local INterconnect Networks，LIN）、车内局域网络（In-Vehicle Local Area Network，LAN）和媒体导向系统传输网络（Media Oriented System Transport，MOST）、K线通信（Key Communication）。汽车网络常见的结构有总线结构、星型结构、环型结构等，如图7.1所示。本单元主要介绍陕汽 X3000 上使用的 CAN 通信和 K 线通信。

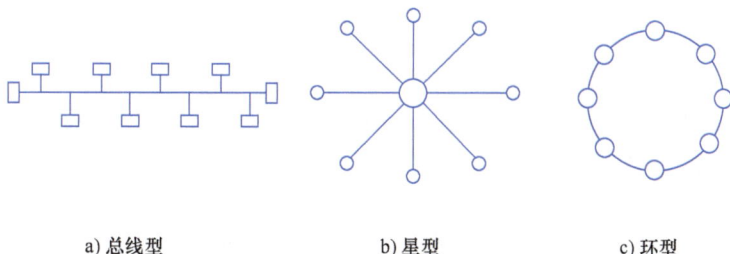

| a) 总线型 | b) 星型 | c) 环型 |

图 7.1　网络结构图

引导问题 2：什么是 K 线通信？

K 线是汽车的控制单元和诊断仪之间进行数据传递的专门的一条线。一般在诊断座上的7 号脚（低于车辆电压 1V），起到通信线的功能。通过 K 线实现测试仪和控制单元数据双向传送。

K 线通信主要有以下特点：

1）工作电压范围为 8~18V（万用表测量数据低于蓄电池电压约 1V，但试灯不会亮）。

2）最大传送速度是 50kbps。

引导问题 3：什么是 CAN 总线？

CAN 总线类似于电脑之间通信的网线，可以实现 ECU、CBCU、ABS、CAN 仪表等CAN 设备之间信息共享，且任意模块间的 CAN 总线相互导通。例如冷却液温度、机油压力等，仅需 ECU 安装传感器即可，就能把当前测得的冷却液温度、机油压力时时传送给 CAN仪表。

一般 CAN 高电压为 2.6~3.5V，CAN 低电压为 1.5~2.4V，因使用情况电压稍有不同；两者之和为 5V。

引导问题 4：陕汽 X3000 CAN 总线上连接有哪些模块（图7.2）？

1. ECU

发动机控制模块接线端子分别是 K54 和 K76。

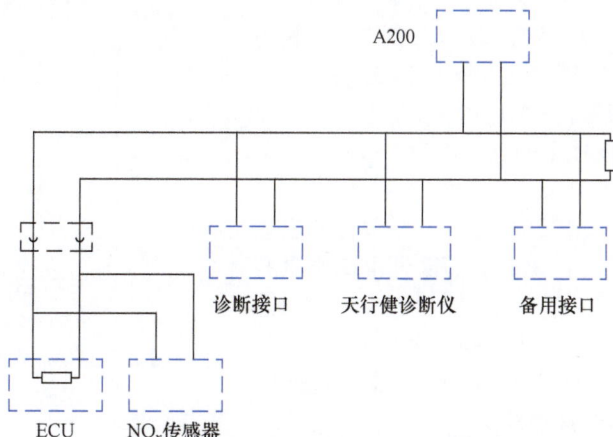

图 7.2　陕汽 X3000 CAN 总线图

2. NO$_x$ 传感器

NO$_x$ 传感器由传感器和转换模块组成，电化学反应的传感器将 NO$_x$ 的含量变为模拟的信号传给模块，模块将信号直接变为通信信号发到车身 CAN 总线上。同时在 NO$_x$ 传感器总成内部也有自诊断系统，传感器监测自身的工作情况并通过车身 CAN 总线向 ECU 汇报是否出现故障。

3. 诊断接口

诊断接口指的是与诊断仪连接的 OBD 诊断接口。

4. 天行健诊断仪

天行健诊断仪通过 CAN 总线、发动机 ECU 和车身传感器等广泛采集车辆运行数据，可实现远程管理、远程监控等多项内容。

5. A200

车身中央控制器 (CBCU)，又称为车身电脑（Body Computer），在汽车工程中是指用于控制车身电气系统的电子控制单元，是汽车的重要组成部分之一。车身控制器常见的功能包括控制电动车窗、电动后视镜、空调、前照灯、转向灯、防盗锁止系统、中控锁、除霜装置等。

引导问题 5：陕汽 X3000 CAN 总线两端连接的电阻的作用是什么？怎么测量？

CAN 总线两端连接的电阻即终端电阻，它的作用是为了消除通信电缆中的信号反射。在通信过程中，有两种原因导致信号反射：阻抗不连续和阻抗不匹配。阻抗不连续的情况下，信号在传输线末端突然遇到电缆的阻抗很小甚至没有，信号在这个地方就会引起反射，这种信号反射的原理与光从一种媒介进入另一种媒介引起的反射是相似的。至于消除这种反射的方法，由于信号在电缆上的传输是双向的，则需在电缆的末端跨接一个与电缆的特性阻抗同样大小的终端电阻，使电缆的阻抗连续。

为了提高网络节点的拓扑能力，CAN 总线两端需要接有 120Ω 抑制反射的终端电阻，它对匹配总线阻抗起着非常重要的作用，如果忽略此电阻，会使数字通信的抗干扰性和可靠性大大降低，甚至无法通信。

CAN 总线两端有 2 个终端电阻，每个 120Ω，并联后测量为 60Ω。

引导问题 6：CAN 总线上信号是怎样传递的？

CAN 控制器根据 CAN-L 和 CAN-H 上的电位差来判断总线电平。总线电平分为显性电平和隐形电平，二者比居其一。发送方通过使总线电平发生变化，将消息发送给接收方。CAN 数据总线信号变化如图 7.3 所示。

1. 显性电平对应逻辑：0

CAN-H 的电平为 3.5V，CAN-L 线的电平为 1.5V，CAN-H 和 CAN-L 的电压差为 2V 左右。

2. 隐性电平对应逻辑：1

CAN-H 和 CAN-L 线上的电压均为 2.5V，CAN-H 和 CAN-L 之间的电压差为 0V。

显性电平具有优先权，只要有一个单元输出显性电平，总线上即为显性电平。而隐性电平则具有包容的意味，只要所有的单元都输出隐性电平，总线上才为隐性电平（显性电平比隐性电平更强）。

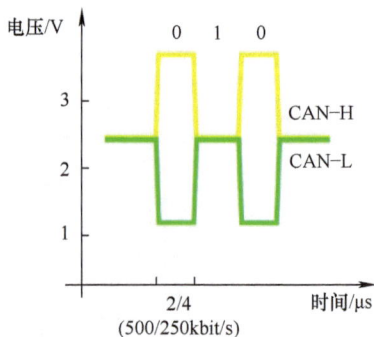

图 7.3　CAN 数据总线信号变化

引导问题 7：CAN 总线故障有哪些？怎么排查？

1. CAN-L 与 CAN-H 短路

当 CAN-H 与 CAN-L 短路时，CAN 网络会关闭，无法再进行通信，会有相应的网络故障码。CAN-H 与 CAN-L 电压都为 2.4V 左右。

故障排除方法：通过插拔 CAN 总线上的控制模块（节点），可以判断是由节点引起的短路还是导线连接引起的短路。逐个断开节点，若电压恢复正常，则说明该节点有问题。若断开所有节点后电压还没有变化，则说明线路短路。

2. CAN-H 对电源（正极）短路

当出现 CAN-H 对电源（正极）短路这种故障时，根据 CAN 总线的容错特性，可能出现整个 CAN 网络无法通信的情况或产生相关故障码。以对 12V 电源短路为例，此时 CAN-H 电压电位被置于 12V，CAN-L 线的隐性电压被置于大约 12V。

实际测量时，若 CAN-H 电压为 12V，CAN-L 电压被置于约为 10.89V，则说明出现此类故障。

3. CAN-L 对地短路（图 7.4）

当出现 CAN-L 对地短路这种故障时，根据 CAN 总线的容错特性，可能出现整个 CAN 网络无法通信的情况或产生相关故障码。此时 CAN-L 电压约为 0V。CAN-H 线的隐性电压被降至 0V，但显性电压基本不变，因此波形被拉长，依然可以传输数据，CAN-L 对地短路的容错特性较好。

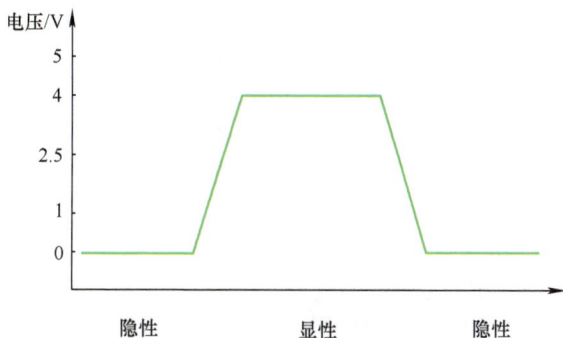

图 7.4 CAN-L 对地短路波形

4. CAN-L 对电源（正极）短路

当出现 CAN-L 对电源（正极）短路这种故障时。由于 CAN-L 对电源短路，因此 CAN-H 电压也被置于 12V。

5. CAN-H 断路

当某个控制模块 CAN-H 导线断路时，会导致该控制模块无法实现通信，但其他控制模块的通信还是有的。在其他的控制模块可能读到此故障模块的故障码。如果多个控制模块的 CAN-H 导线出现断路。那么这些控制模块的通信功能都会受到影响。可以用电阻测量法来判断。测量诊断接口的 CAN-H 与 CAN-L 之间的电阻，若变为 120Ω，则说明有一个终端电阻断路。如果出现故障的控制模块不带终端电阻，那么需要测量该控制模块的 CAN 导线的导通性。

引导问题 8：从 ECU 端子图上看 CAN 节点通信、诊断与 CAN 总线刷写的区别。

ECU 通信线端子图如图 7.5 所示，搭配在整车通信网络上，通过诊断插头与诊断仪相连，交换数据。

CAN 总线刷写线不直接与整车通信网络相连，主要用于 ECU 高速刷写。

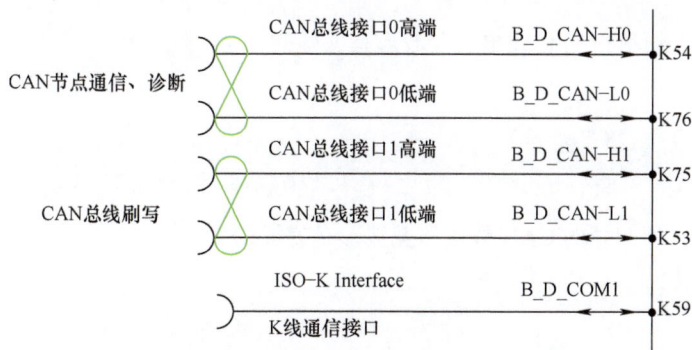

图 7.5 ECU 通信线端子图

【任务分组】

班级		组号		指导教师	
组长		组员			
任务分工	1. 负责收集故障车辆信息：发动机型号，ECU 软硬件版本号，故障码等 2. 负责在实车上找到网络通信的相关模块，并简述其功能 3. 使用万用表电阻档对终端电阻进行检测 4. 使用示波器对 K 线及 CAN 线波形进行检测				

【工作实施】

本任务主要包含网络通信相关模块的查找，终端电阻、K 线及 CAN 线波形的检测。

引导问题 1： 实训前的准备工作。

实训整车 2 台、万用表 5 块、示波器 5 台、诊断仪 5 台、拆装工具 5 套等。

引导问题 2： 维修人员自查安全防护是否到位，是否穿工装、劳保鞋等。

引导问题 3： 通过实车检查，了解待修车辆的信息。

发动机型号：

发动机 ECU 型号：

行驶里程：

故障现象及故障码：

引导问题 4： 所使用的实训车辆有哪些电控模块？它们的主要功能是什么？

引导问题 5： 所测量的终端电阻的安装位置在哪儿？它的电阻值是多少？

引导问题 6： 所测量的 K 线电压及波形是怎样的？

引导问题 7： 所测量的 CAN 线电压及波形是怎样的？

【评价反馈】

检查评估	维修资料、工具、设备的正确使用	A	B	C	D
	操作规范和任务完成情况	A	B	C	D
	任务工单填写	A	B	C	D
	纪律和回答现场提问	A	B	C	D
	团队合作	A	B	C	D
	安全和环保	A	B	C	D
成绩					
评语		教师签字： 日期：			

【单元测试】

1. K 线是汽车的控制单元和诊断仪之间进行数据传递的专门的一条线。

2. 一般 CAN 高电压_____左右，CAN 低电压_____左右，因使用情况不同电压稍有不同；两者之和为 5V。

3. 为了提高网络节点的拓扑能力，CAN 总线两端需要接有_____Ω 抑制反射的终端电阻。

4. CAN 控制器根据_____和_____上的_____来判断总线电平。总线电平分为_____和_____。

5. 当 CAN-H 与 CAN-L 短路时，CAN 网络会关闭，无法再进行通信。会有相应的网络故障码。CAN-H 与 CAN-L 电压都为_____左右。

6. 通过_____，可以判断是由节点引起的短路还是导线连接引起的短路。

任务 7.2　ECU 数据刷写

【情境描述】

一辆配博世 EDC17CV44 电脑板的半挂车，NO_x 排放超标已修复，但故障码清除不掉，故障灯常亮。技术经理安排你首先确认车辆修复情况，再进行 ECU 数据刷写消除故障码。

【学习目标】

1. 能通过与客户交流、查阅相关维修技术资料等方式，获取车辆故障信息。
2. 能利用故障诊断仪进系统并读取相关信息。
3. 能根据故障码进行 ECU 数据的读取及刷写。

【获取信息】

引导问题 1：什么是 ECU 数据刷写？

ECU 数据刷写，又称为 ECU 数据灌装，其基本原理是：外部数据刷写工具通过 ECU 通信网络（多为 K 线和 CAN 总线），向 ECU 发送数据信息，实现 ECU 数据的管理和更新。

引导问题 2：为什么要进行 ECU 数据刷写？

ECU 数据刷写，俗称刷 ECU、刷汽车电脑板，主要有三方面应用：

1）发动机 / 汽车下线出厂时进行数据封装。

2）汽车维修站进行 ECU 更新、维修。

3）发动机改装应用。

引导问题3：具体到维修站，ECU 数据刷写的作用是什么？

1）空白的 ECU 装车之前需要给 ECU 刷写适当的程序，部分 ECU 可实现不同厂家兼容。

2）由厂家提供的 ECU 数据升级，优化。

3）在遵守相关法律规定的前提下解决程序限速的问题。

4）消除不可清除故障码。有些故障码，特别是后处理系统的相关排放超标故障，排除故障后通过诊断仪清除故障码功能不能清除掉。

5）ECU 内部存储故障。因为其他一些特殊原因，ECU 报出内部故障，例如由于控制策略的限制，发动机不能起动，或者电脑板因为搭铁线接触不好，内部存储程序丢失，也会导致不能起动的故障。

引导问题4：进入刷写前，有哪些准备工作？

刷写前的准备工作有：

1）确保 E800 主机供电正常（推荐使用外接电源）。

2）使用外接电源对 VCI 盒子供电，如图 7.6 所示。

VCI 盒子供电电源与 E800 主机供电电源兼容。

引导问题5：ECU 数据刷写的步骤及注意事项有哪些？

图 7.6　VCI 盒子供电

1）打开 E800 主机主界面（图 7.7）选择汽车诊断，点击左侧"ECU 刷写"（图 7.8）。

图 7.7　E800 主机主界面

图 7.8　ECU 刷写界面

2）选择待刷写电脑板的汽车制造商 ECU 硬件号或系统供应商 ECU 硬件号（图 7.9）。

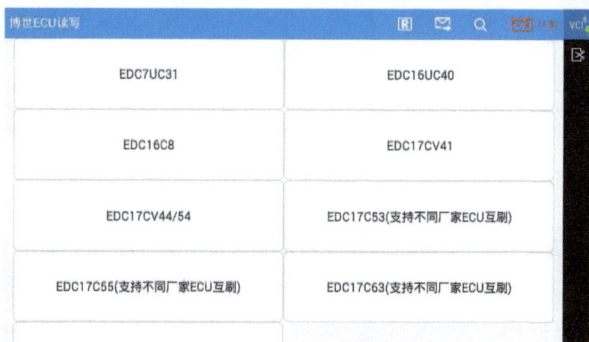

图 7.9　ECU 硬件号选择界面

注意事项：查阅 ECU 硬件号及软件号详见任务 3.4 引导问题 4 相关内容。

3）使用跳线插头和跳线按系统提示（图 7.10）的接线图连接（图 7.11）。

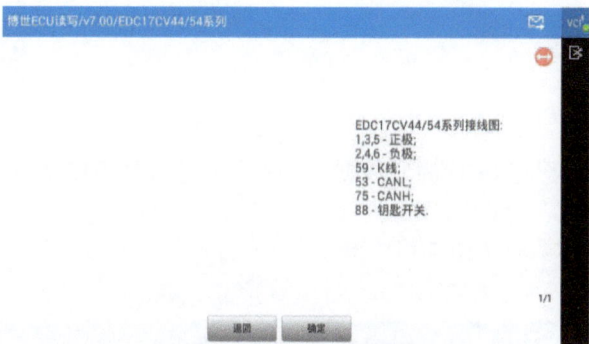

图 7.10　系统提示界面

图 7.11　实物接线图

注意事项：

① 跳线端口的大小必须与电脑板针脚匹配，推荐采用爱夫卡原装跳线。

② 连线时特别注意正负极不得短路。

③ K 线及 CAN 线根据需要连接，连接有 CAN 线可不连接 K 线。

4）选择发动机品牌（图 7.12）后选择读取数据（图 7.13）。

图 7.12　选择发动机品牌界面

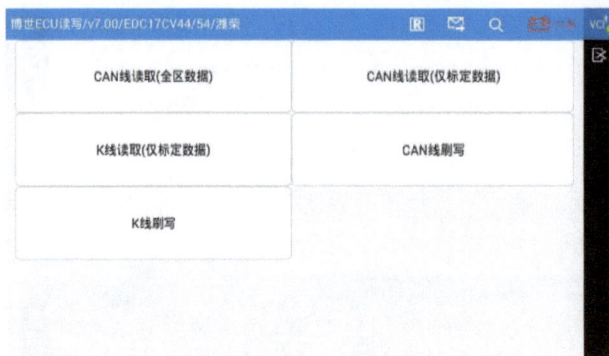

图 7.13　操作项目界面

读取数据的目的是保存 ECU 的原数据，在刷写其他数据不成功时可恢复，我们可以理解为电脑的备份。

5）进入系统后读取数据（图 7.14、图 7.15）。

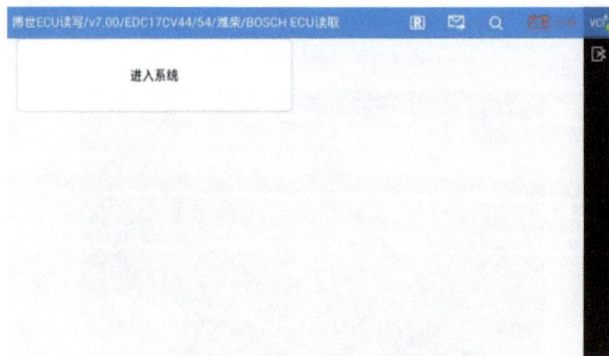

图 7.14　进入系统界面

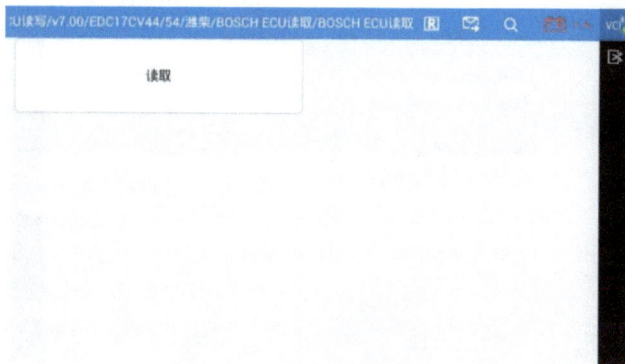

图 7.15　读取选择界面

6）读取后文件命名（图 7.16）。

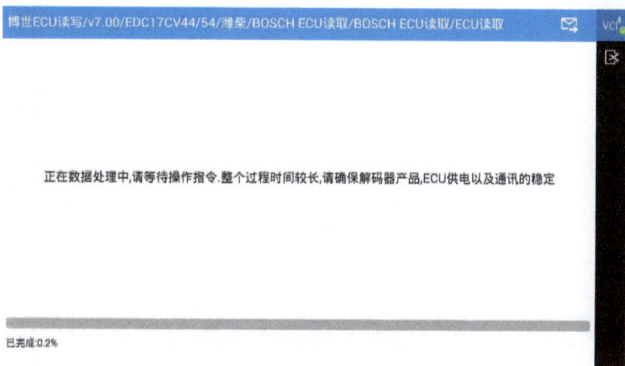

图 7.16　系统读取过程中

7）返回至 4），选择刷写（图 7.17、图 7.18）。

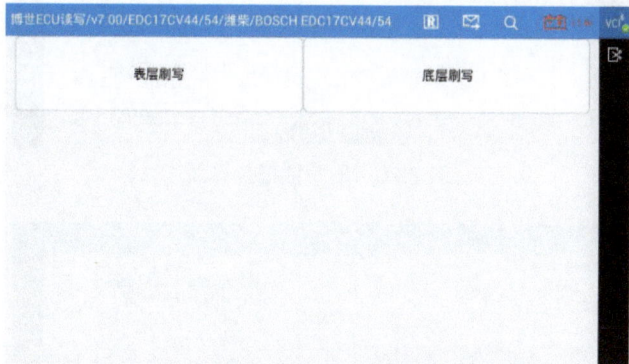

图 7.17　操作项目界面

8）进入刷写说明界面并确定（图 7.19）。

9）选择刷写数据所针对的发动机及数据包，点击选择后进入刷写界面（图 7.20、图 7.21）。

图 7.18　刷写项选择界面

图 7.19　刷写说明界面

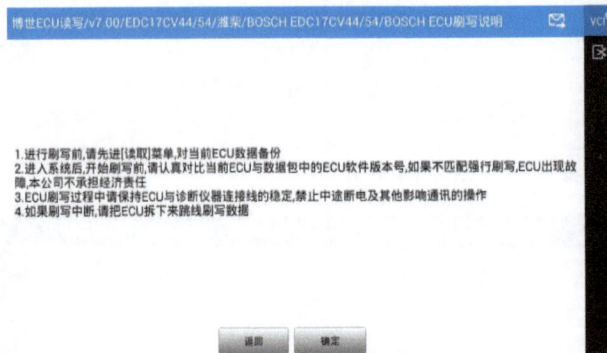

图 7.20　刷写数据包界面

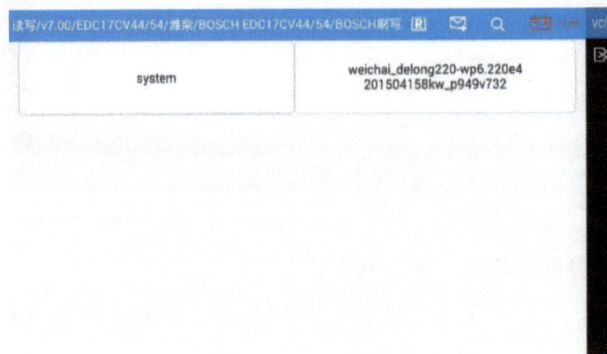

图 7.21　进入刷写界面

刷写数据包界面 system 为系统自带的数据包，其后为操作 4）所读取的数据包。

引导问题 6：E800 带有在线刷写功能，在操作上与离线刷写有什么区别？

操作流程上并无区别，界面有所变化，如：进入刷写信息界面时对于 ECU 硬件号变成了下拉菜单，配有连接图示，如图 7.22 所示。

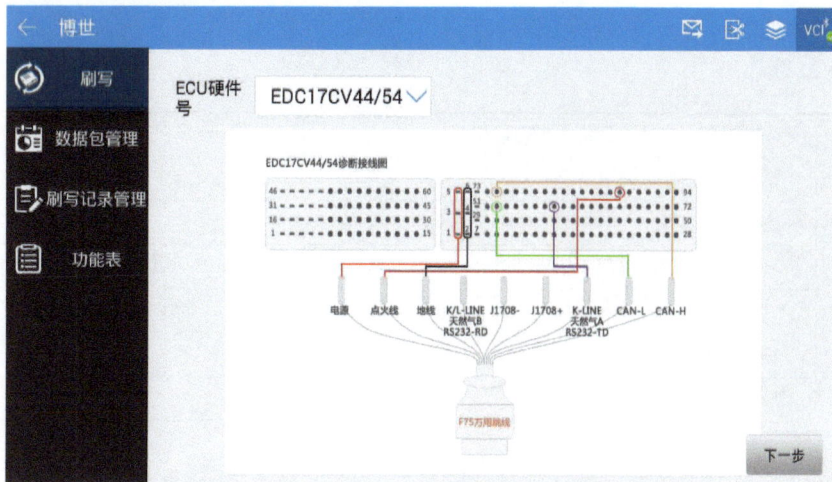

图 7.22 在线刷写 ECU 硬件号选择界面

【任务分组】

班级		组号		指导教师	
组长		组员			
任务分工	1. 负责收集故障车辆信息：发动机型号，ECU 软硬件版本号，故障码 2. 负责采用 OBD 接口连接及跳线连接进行 ECU 数据的读取 3. 负责利用 K 线及 CAN 线进行 ECU 数据的离线刷写及在线刷写				

【工作实施】

本任务主要包含进系统读取相关信息、ECU 数据的读取及刷写。

引导问题 1：实训前的准备工作。

实训整车 5 台、诊断仪 5 台、拆装工具 5 套等。

引导问题 2：维修人员自查安全防护是否到位，是否穿工装、劳保鞋等。

引导问题 3：通过实车检查，了解待修车辆的信息。

发动机型号：

发动机 ECU 型号：

行驶里程：

故障现象及故障码：

引导问题 4：利用故障诊断仪进系统并读取到的相关信息有哪些？

引导问题 5：简要说明使用诊断仪进行 ECU 数据读取的路径及注意事项。

引导问题 6：简要说明使用诊断仪进行 ECU 数据刷写的路径及操作方法。

【评价反馈】

检查评估	维修资料、工具、设备的正确使用	A	B	C	D
	操作规范和任务完成情况	A	B	C	D
	任务工单填写	A	B	C	D
	纪律和回答现场提问	A	B	C	D
	团队合作	A	B	C	D
	安全和环保	A	B	C	D
成绩					
评语		教师签字： 日期：			

【单元测试】

1. ECU 数据刷写，又称为＿＿＿＿＿＿＿，其基本原理是：外部数据刷写工具通过 ECU 通信网络（多为＿＿＿＿和＿＿＿＿），向 ECU 发送数据信息，实现 ECU 数据的管理和更新。

2. 有些故障码，特别是后处理系统的相关＿＿＿＿故障，排除故障后通过诊断仪清除故障码功能不能清除掉。

3. 电脑板因为搭铁线接触不好，＿＿＿＿＿＿＿，会导致不能起动的故障。

4. 读取数据的目的是＿＿＿＿＿＿＿，在刷写其他数据不成功时可恢复。

5. 刷写数据包界面 system 为＿＿＿＿＿＿＿。

任务 7.3　NO$_x$ 传感器的检测

【情境描述】

一辆配博世 EDC17CV44 电脑板的半挂车，车主反映其动力不足，故障灯点亮。维修技师读取故障码，报 P0035 故障，CAN 节点 A 总线关闭错误。考虑到发生故障时雨水较多，技术经理安排你重点排查 NO$_x$ 传感器。

【学习目标】

1. 能通过与客户交流、查阅相关维修技术资料等方式，获取故障车辆信息。
2. 能利用故障诊断仪经 OBD 接口检测 NO$_x$ 传感器。
3. 能利用故障诊断仪经跳线检测 NO$_x$ 传感器。

【获取信息】

引导问题：NO$_x$ 传感器的检测步骤及注意事项有哪些？

1）进入 E800 尾气处理界面（图 7.23）并选择尾气处理中 NO$_x$ 控制器。

图 7.23 E800 尾气处理界面

2）选择所测量的 NO_x 控制器的类别，如图 7.24 所示。

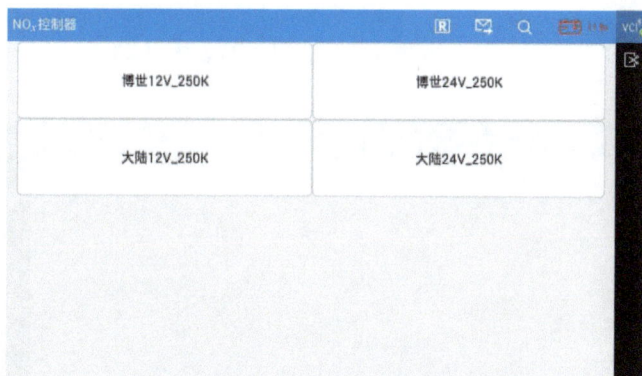

图 7.24 NO_x 控制器的类别选择界面

3）进入说明界面，按提示操作，如图 7.25 所示。

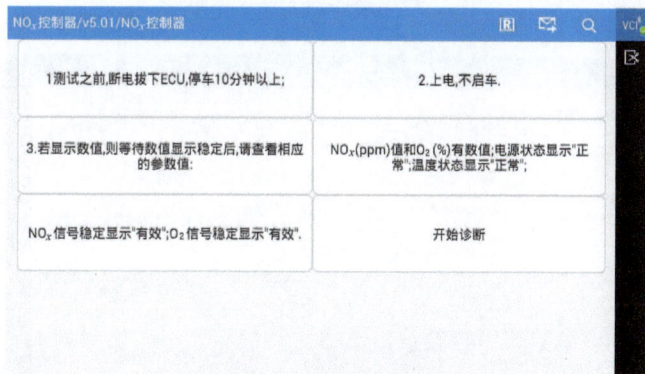

图 7.25 检测前说明界面

利用故障诊断仪经 OBD 接口检测 NO_x 传感器必须按说明界面要求操作。由于 NO_x 控制器属于单独的模块，为了避免连接线束或其他模块的干扰，可以单独对 NO_x 控制器进行连线测量，参考任务 6.1 引导问题 15 进行万用跳线的连接，如图 7.26 所示。

图 7.26　NO_x 控制器万用跳线连接图

4）动作测试。

单击"动作测试"并选择"NO_x 控制器"，如图 7.27、图 7.28 所示。

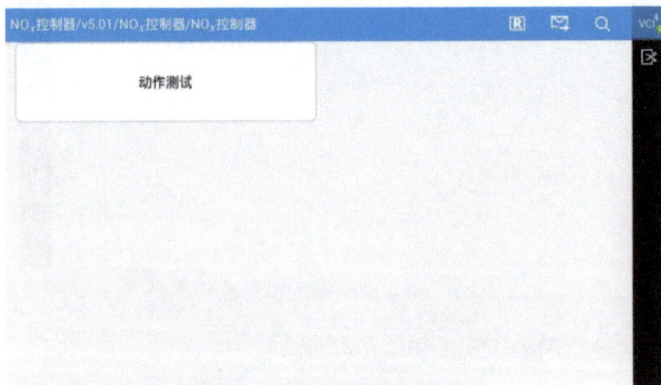

图 7.27　动作测试确认界面

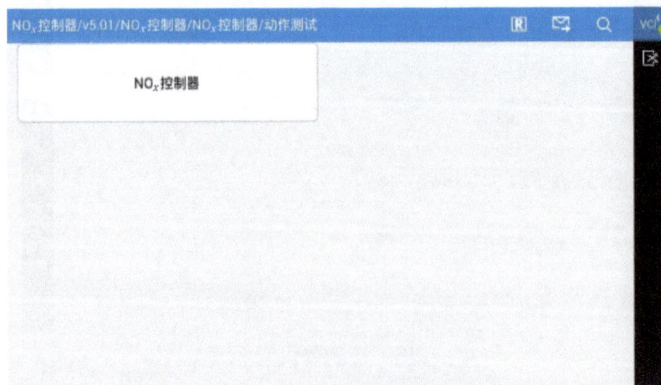

图 7.28　NO_x 控制器确认界面

5）动作执行。

动作执行界面（图 7.29）具有独立的"执行"和"退出"按键标识，系统自带返回按键在此界面不起作用。

6）动作已执行初始界面（图 7.30）。

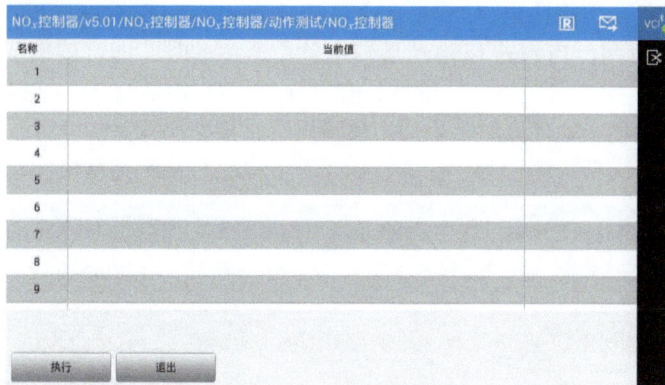

图 7.29　动作执行界面

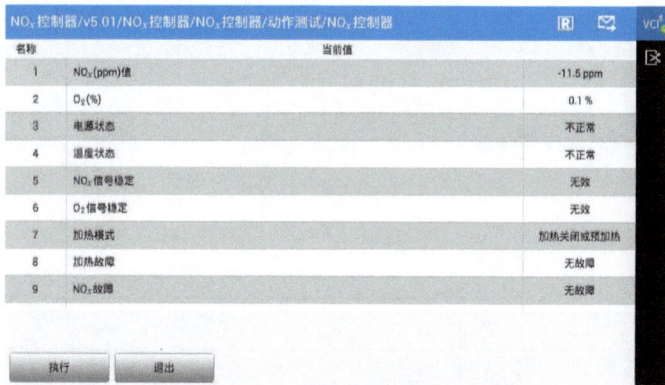

图 7.30　动作已执行初始界面

在此界面上，"NO_x 信号稳定"及"O_2 信号稳定"显示无效，"温度状态"不正常，"加热模式"为加热关闭或预加热状态。以上信息表明 NO_x 正处于加热状态，所以在按下"执行"前必须将 NO_x 探头取出后放置在隔热材料上，并避免与其他物体接触，特别注意操作者严禁直接触碰探头，以避免烫伤。

7）信号稳定（图 7.31）。

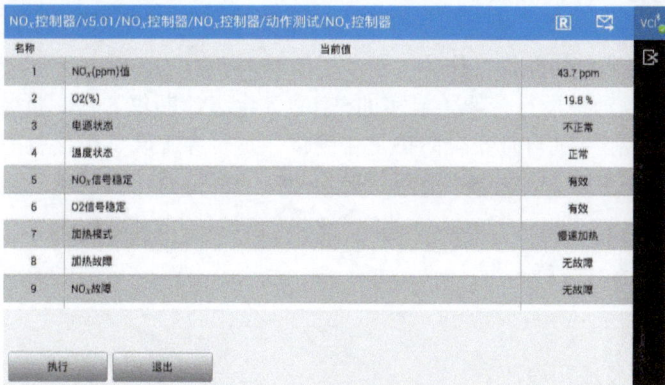

图 7.31　信号稳定界面

在动作已执行初始界面等待一段时间后，在加热模式处于慢速加热时，会发现"NO_x信号稳定"及"O_2信号稳定"显示有效，且"温度状态"显示正常，我们会发现NO_x（ppm）值跳动较大，此时还不能确定NO_x的性能是否正常。

8）NO_x（ppm）值数据稳定。

继续等待一段时间，当ppm值跳动量较小且往返跳动时，即可读取此时的NO_x（ppm）值，如图7.32所示。室内理论NO_x（ppm）值为±20，O_2含量为21%左右。如果大幅超出该数值，说明探头老化，如果测试结果报出故障码，直接更换探头。

NO_x传感器属于高精检测设备，探头、插接头、电路板甚至连接电缆都不可维修。

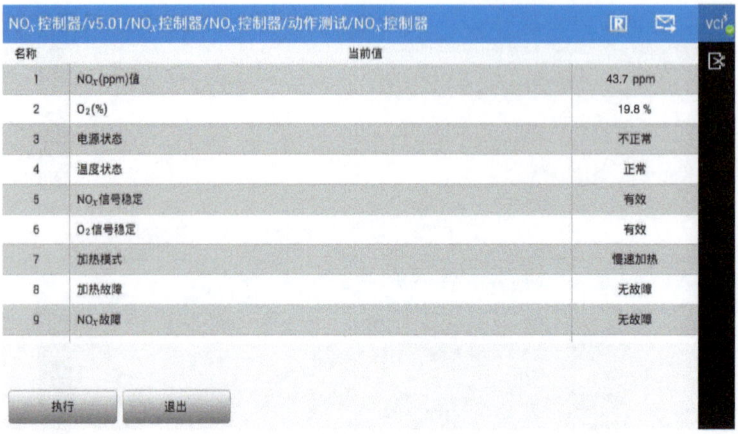

名称	当前值	
1	NO_x(ppm)值	43.7 ppm
2	O_2(%)	19.8 %
3	电源状态	不正常
4	温度状态	正常
5	NO_x信号稳定	有效
6	O_2信号稳定	有效
7	加热模式	慢速加热
8	加热故障	无故障
9	NO_x故障	无故障

图 7.32　NO_x（ppm）值数据稳定

【任务分组】

班级		组号		指导教师	
组长		组员			
任务分工	1. 负责收集故障车辆信息：发动机型号，ECU软硬件版本号，NO_x传感器品牌及适用电压 2. 负责NO_x传感器的拆卸及安装 3. 负责利用故障诊断仪经OBD接口检测NO_x传感器 4. 利用故障诊断仪经跳线检测NO_x传感器				

【工作实施】

本任务主要包含NO_x传感器品牌及适用电压的识别，经OBD接口检测和跳线检测NO_x传感器。

引导问题1：实训前的准备工作。

含SCR后处理发动机运行台架（或实训整车）5台、诊断仪5台、拆装工具5套等。

引导问题2：维修人员自查安全防护是否到位，是否穿工装、劳保鞋等。

引导问题3：通过实车或发动机运行台架检查，了解待修车辆的信息。

发动机型号：

发动机ECU型号：

行驶里程：

故障现象及故障码：

NO_x传感器品牌及适用电压：

引导问题 4：所使用的诊断仪关于 NO_x 传感器的检测步骤有哪些？

引导问题 5：检测 NO_x 传感器时跳线的连接方法（注意区分接口是 4 线还是 5 线）。

引导问题 6：查看 NO_x（ppm）值数据稳定时的数据并记录。

【评价反馈】

检查评估	维修资料、工具、设备的正确使用	A	B	C	D
	操作规范和任务完成情况	A	B	C	D
	任务工单填写	A	B	C	D
	纪律和回答现场提问	A	B	C	D
	团队合作	A	B	C	D
	安全和环保	A	B	C	D
成绩					
评语				教师签字： 日期：	

【单元测试】

1. 氮氧化物传感器用于测量_____ NO_x 的值。

2. 在"露点"温度满足时，排气系统内将不会有能损坏 NO_x 传感器的_____存在。

3. 如果排气温度降至 120℃以下，NO_x 监控器将关闭，并将传感器的残余热量保持在_____。

4. 在按下 NO_x 检测"执行"按键前，必须_____，并避免与其他物体接触，特别注意操作者严禁直接触碰探头，以避免烫伤。

5. 室内理论 NO_x（ppm）值：_____，O_2 含量_____左右。如果 NO_x 传感器检测数值大幅超出该数值，说明探头老化，如果测试结果报故障码，则直接更换探头。